职业教育改革创新示范教材 III

QICHE FADONGJI GOUZAO YU WEIXIU LISHI YITIHUA JIAOCAI

汽车发动机构造与维修
理实一体化教材

主　编　殷振波　唐腊梅
副主编　卫绪福　苏昭锋

人民交通出版社
China Communications Press

内 容 提 要

本书介绍了汽车发动机各组成部分的结构、工作原理及常见维护与检修项目，主要内容包括发动机总体构造与维修安全知识、曲柄连杆机构的构造与维修、配气机构的构造与维修、冷却系统的构造与维修、润滑系统的构造与维修、燃油供给系统的构造与维修、空气供给系统和排气系统的构造与维修、电子控制系统的构造与维修和点火系统构造与维修，共九个项目。

本书为中等职业学校汽车运用与维修专业的教学用书，也可作为各类汽车职业培训及从事修理行业的人员参考用书。

图书在版编目(CIP)数据

汽车发动机构造与维修理实一体化教材／殷振波，唐腊梅主编. ——北京：人民交通出版社，2012.08（2025.1重印）
ISBN 978-7-114-09903-8

Ⅰ.①汽… Ⅱ.①殷… ②唐… Ⅲ.①汽车–发动机–构造–教材②汽车–发动机–车辆修理–教材 Ⅳ.①U472.43

中国版本图书馆CIP数据核字(2012)第141366号

职业教育改革创新示范教材Ⅲ

书　　名：	汽车发动机构造与维修理实一体化教材
著 作 者：	殷振波　唐腊梅
责任编辑：	曹延鹏
出版发行：	人民交通出版社股份有限公司
地　　址：	(100011) 北京市朝阳区安定门外外馆斜街3号
网　　址：	http://www.ccpcl.com.cn
销售电话：	(010) 85285911
总 经 销：	人民交通出版社股份有限公司发行部
经　　销：	各地新华书店
印　　刷：	北京建宏印刷有限公司
开　　本：	787×1092　1/16
印　　张：	13
字　　数：	300千
版　　次：	2012年8月　第1版
印　　次：	2025年1月　第10次印刷
书　　号：	ISBN 978-7-114-09903-8
定　　价：	26.00元

(有印刷、装订质量问题的图书由本社负责调换)

职业教育改革创新示范教材
（汽车运用与维修专业）编委会

（排名不分先后）

主　任： 梁　辉（广西理工职业技术学校）　　杨筱玲（南宁市第四职业技术学校）

副主任： 黄宏伟（广西玉林商贸技工学校）　　蒋桂学（柳州汽车运输技工学校）
　　　　　陈健健（南宁市第四职业技术学校）　梁家生（广西理工职业技术学校）
　　　　　李显贵（广西机电工程学校）　　　　马立峰（柳州市交通学校）
　　　　　黄红阜（广西南宁高级技工学校）　　蒙少广（来宾市技工学校）

委　员： 彭荣富　杨德宁　黄启敏　贺　民　江　巍　卢　义（广西理工职业技术学校）
　　　　　潘仕梁　谢德平　韦　善　黄健华　廖　冰　来　君（广西机电工程学校）
　　　　　苏昭锋　何广玉　欧俊国　蓝荣龙（广西南宁高级技工学校）
　　　　　李文雄　曹玉兰　兰斌富　覃绍活　黄凯华（南宁市第四职业技术学校）
　　　　　张　挺　谢云涛　黄昌海（广西第一工业学校）
　　　　　黎世琨　胡明胜（广西二轻技校）
　　　　　谭武明（广西玉林农业学校）
　　　　　曾清德（广西工学院职业技术教育学院）
　　　　　高　彬　许雪松　蒙纪元（广西华侨学校）
　　　　　封桂炎　赵霞飞　滕松蓉　纪静华　陈蕾羽（广西交通技师学校）
　　　　　钟　干　谢林宝　郭春华　韦福武（广西玉林商贸技工学校）
　　　　　莫学明（广西钟山县中等职业技术学校）
　　　　　刘树能　李　元　李玉雄（来宾市技工学校）
　　　　　唐腊梅　蒋建晨　赖傅杰　黄宗尔（柳州汽车运输技工学校）
　　　　　张兴富　詹俊松　董　军　周　雄　梁　松（柳州市技工学校）
　　　　　黄　懿　覃新居　罗柳健（柳州市交通学校）
　　　　　洪　均　李建华（容县职业中等专业学校）
　　　　　原伟忠　罗　青　钟仁敏（广西玉林高级技工学校）
　　　　　覃照锦　陈　泉（河池市职业教育中心学校）

编委会秘书： 覃伟英（南宁培育图书有限责任公司）

前言 QIANYAN

《国家中长期教育改革和发展规划纲要（2010—2020年）》中提出：大力发展职业教育，把职业教育纳入经济社会发展和产业发展规划，把提高质量作为重点；以服务为宗旨，以就业为导向，推进教育教学改革。实行工学结合、校企合作、顶岗实习的人才培养模式；满足人民群众接受职业教育的需求，满足经济社会对高素质劳动者和技能型人才的需要。

职业教育的发展已作为国家当前教育发展的战略重点之一，但目前学校所使用的教材普遍存在以下几个方面的问题：

（1）学生反映难理解，教师反映不好教；

（2）企业反映脱离实际，与他们的需求距离很大；

（3）不适应新一轮教学改革的需要，汽车车身修复、汽车商务、汽车美容与装潢等专业教材急缺；

（4）立体化程度不够，教学资源质量不高，教学方式相对落后。

针对以上问题，结合人民交通出版社汽车类专业教材的出版优势，我们开发了《职业教育改革创新示范教材》。本套教材以"积极探索教学改革思路，充分考虑区域性特点，提升学生职业素质"的指导思想，采用职教专家、行业一线专家、学校教师、出版社编辑"四结合"的编写模式。教材内容的特点是：准确体现职业教育特点（以工作岗位所需的知识和技能为出发点）；理论内容"必需、够用"；实训内容贴合工作一线实际；选图讲究，易懂易学。

该套教材将先进的教学内容、教学方法与教学手段有效地结合起来，形成理实一体化的教学模式。

本书由广西机械高级技工学校殷振波、柳州汽车运输技工学校唐腊梅主编，由广西交通运输学校卫绪福、南宁市高级技工学校苏昭锋担任副主编。参加本书编写工作的还有俞德斌、吴志远、李波、侯建党、韩希国、柳振凯、丁偌瑾、李敏、李昱献、张成利、郑宏军、沈沉、付凯、张立新等。

限于编者的经历和水平，书中难免有不妥或错误之处，敬请广大读者批评指正，提出修改意见和建议，以便再版修订时改正。

职业教育改革创新示范教材编委会
2012 年 2 月

目录 CONTENTS

项目一 发动机总体构造与维修安全知识

任务一 发动机总体构造的认知 ……………………………………… 1
任务二 汽车维修个人安全知识 ……………………………………… 11
任务三 工具设备的使用安全及环境安全 …………………………… 15

项目二 曲柄连杆机构的构造与维修

任务一 曲柄连杆机构的认知 ………………………………………… 23
任务二 水泵V带的检查与更换 ……………………………………… 34
任务三 汽缸盖衬垫的更换 …………………………………………… 37
任务四 活塞连杆组件的检查与更换 ………………………………… 47
工作页 …………………………………………………………………… 54

项目三 配气机构的构造与维修

任务一 配气机构的认知 ……………………………………………… 60
任务二 正时齿带的更换 ……………………………………………… 75
任务三 正时链的检查与更换 ………………………………………… 79
任务四 气门间隙的检查与调整 ……………………………………… 93
工作页 …………………………………………………………………… 96

项目四 冷却系统的构造与维修

任务一 冷却系统的认知 ……………………………………………… 101
任务二 冷却液的检查与更换 ………………………………………… 107
任务三 水泵的检查与更换 …………………………………………… 110
任务四 节温器的检查与更换 ………………………………………… 112

工作页…………………………………………………………………… 113

项目五　润滑系统的构造与维修

　　任务一　润滑系统的认知…………………………………………… 118
　　任务二　机油及机油滤清器的检查与更换………………………… 125
　　工作页…………………………………………………………………… 129

项目六　燃油供给系统的构造与维修

　　任务一　燃油供给系统的认知……………………………………… 133
　　任务二　燃油滤清器的更换………………………………………… 139
　　任务三　喷油器的检查与更换……………………………………… 142
　　工作页…………………………………………………………………… 144

项目七　空气供给系统和排气系统的构造与维修

　　任务一　空气供给系统和排气系统的认知………………………… 148
　　任务二　空气滤清器滤芯的清洁与更换…………………………… 153
　　任务三　加速踏板拉索的检查与更换……………………………… 154
　　工作页…………………………………………………………………… 156

项目八　电子控制系统的构造与维修

　　任务一　电子控制系统的认知……………………………………… 160
　　任务二　电控系统故障码的读取与清除…………………………… 166
　　任务三　常用传感器和执行器的更换……………………………… 173
　　工作页…………………………………………………………………… 177

项目九　点火系统的构造与维修

　　任务一　点火系统的认知…………………………………………… 180
　　任务二　点火高压线和火花塞的检查与更换……………………… 187
　　工作页…………………………………………………………………… 193

参考文献

项目一 发动机总体构造与维修安全知识

任务一 发动机总体构造的认知

一、发动机基本工作原理

1 发动机概念

发动机是将某一种形式的能转换为机械能的机器。

汽车用发动机（图1-1）是汽车的心脏，是汽车的动力源。汽车发动机一般是将液体燃料或气体燃料和空气混合后直接输入机器内部，之后混合气燃烧产生热能，热能再转变为机械能，因此又叫内燃机。现代汽车用发动机中，应用最广的是水冷式四冲程往复活塞式内燃机。常见的汽车用发动机有汽油发动机和柴油发动机两种。

2 单缸发动机结构及常用术语

图1-1 五菱荣光汽车B12发动机（型号为LAQ）

单缸四冲程汽油机的基本结构如图1-2所示，单缸四冲程柴油机的基本结构如图1-3所示。汽缸体内圆柱形腔体称为汽缸，内装有活塞，活塞通过活塞销、连杆与曲轴相连接。活塞在汽缸内做往复直线运动，通过连杆推动曲轴做旋转运动。在汽缸盖上装有进、排气门，通过凸轮轴控制进、排气门的开启和关闭，实现向汽缸内充入新鲜可燃混合气(汽油机)或纯空气(柴油机)，并将燃烧后的废气排出汽缸。

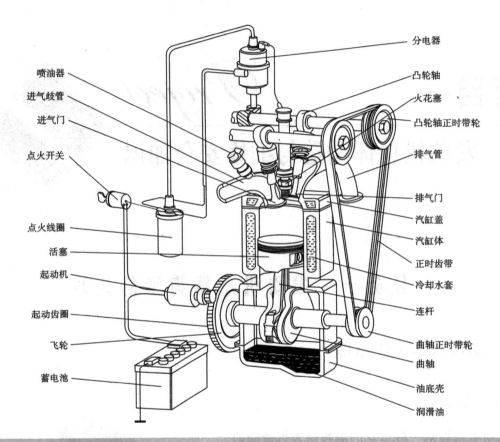

图1-2 单缸四冲程汽油机结构示意图

发动机基本术语如图1-4所示。

(1)上止点。上止点是指活塞离曲轴回转中心最远处，即活塞的最高位置。

(2)下止点。下止点是指活塞离曲轴回转中心最近处，即活塞的最低位置。

(3)活塞行程(S)。上止点与下止点之间的距离称为活塞行程。

(4)曲柄半径(R)。曲轴与连杆下端的连接中心至曲轴中心的距离(即曲轴的回转半径)称为曲柄半径。活塞行程为曲柄半径的两倍，即$S=2R$。

(5)汽缸工作容积(V_h，L)。活塞从一个止点运动到另一个止点所扫过的容积称为汽缸工作容积或汽缸排量，即

$$V_h = \frac{\pi D^2 S}{4} \times 10^{-6}$$

式中：D——汽缸直径(mm)；
　　　S——活塞行程(mm)。

(6)燃烧室容积（V_c，L）。活塞在上止点时，活塞顶与汽缸盖之间的容积称为燃烧室容积。

(7)汽缸总容积（V_a，L）。活塞在下止点时，活塞顶上方的容积称为汽缸总容积。显然，汽缸总容积是汽缸工作容积与燃烧室容积之和，即

$$V_a = V_c + V_h$$

式中：V_c——燃烧室容积（L）；
V_h——汽缸工作容积（L）。

(8)发动机排量（V_L，L）。多缸发动机各汽缸工作容积的总和称为发动机排量。即

$$V_L = V_h i = \frac{\pi D^2 S i}{4} \times 10^{-6}$$

式中：V_h——汽缸工作容积（L）；
i——汽缸数目。

(9)压缩比（ε）。汽缸总容积与燃烧室容积之比称为压缩比。

$$\varepsilon = \frac{V_a}{V_c} = \frac{V_h + V_c}{V_c} = 1 + \frac{V_h}{V_c}$$

式中：V_a——汽缸总容积（L）；
V_h——汽缸工作容积（L）；
V_c——燃烧室容积（L）。

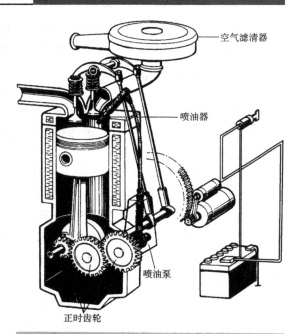

图1-3　单缸四冲程柴油机结构示意图

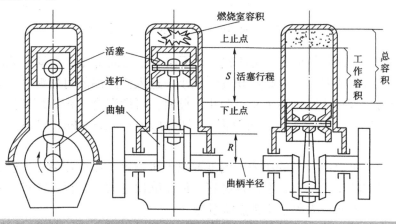

图1-4　发动机基本术语

压缩比表示活塞由下止点运动到上止点时，汽缸内的气体被压缩的程度。压缩比越大，压缩终了时汽缸内气体的压力和温度越高。目前，一般车用汽油机的压缩比为6～11，柴油机的压缩比一般为16～22。

(10)工作循环。在汽缸内进行的每一次将燃料燃烧的热能转变成机械能的一系列连续过程(进气、压缩、作功、排气)称为发动机的一个工作循环。

3 发动机的基本工作原理

1)四冲程汽油机的工作原理

四冲程汽油机每一个工作循环包括4个活塞行程,即进气行程、压缩行程、作功行程和排气行程,如图1-5所示。

(1)进气行程。在进气行程中,活塞在曲轴和连杆的带动下由上止点向下止点运行,这时进气门开启、排气门关闭。在活塞由上止点向下止点运动过程中,由于活塞上方汽缸容积逐渐增大,形成一定的真空度。这样,可燃混合气通过进气歧管、进气门被吸入汽缸。当活塞到达下止点时,进气门关闭,停止进气。由于进气系统有阻力,进气终了时,汽缸内的气体压力略低于大气压力,为0.074~0.093MPa。由于汽缸壁、活塞等高温机件及上一循环残留的高温残余废气的加热,气体的温度上升到80~130℃。

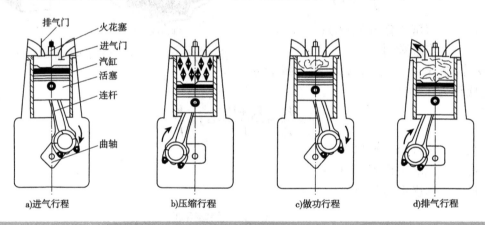

图1-5 四冲程汽油机工作原理示意图

(2)压缩行程。活塞在曲轴和连杆的带动下由下止点向上止点运动,此时进、排气门处于关闭状态。由于活塞上方汽缸容积逐渐减小,进入汽缸内的可燃混合气被压缩,温度和压力不断升高,直到活塞到达上止点为止。此时,可燃混合气被压缩到活塞上方的很小空间,即燃烧室中。压缩终了时,可燃混合气压力为0.6~1.5MPa,可燃混合气的温度为330~430℃。

压缩终了时,可燃混合气的压力和温度取决于压缩比。压缩比越大,燃烧速度越快,因而发动机输出的功率便越大,经济性越好。但压缩比过大,不仅不能进一步改善燃烧,反而会出现爆震和表面点火等不正常燃烧现象。

爆震是由于气体压力和温度过高,在燃烧室内离点火中心较远及具有高温处(如排气门头部、火花塞电极和积炭处)可燃混合气自燃而造成的一种不正常燃烧。爆震时,火焰以极高的速率向外传播,由于燃烧室温度和压力急剧升高,火焰形成压力波,并以声速向外推进。这种压力波撞击燃烧室壁时便发出尖锐的敲击声。爆震还会引起发动机过热、功率下降、工作不稳定、燃油消耗率增加等一系列不良后果。严重时会造成气门烧毁、轴承破裂、火花塞绝缘体击穿等机件损坏现象。

表面点火是由于燃烧室内炽热表面与炽热处（如排气门头部、火花塞绝缘体、零件表面炽热的沉积物等）点燃混合气的现象。表面点火发生时，会伴有沉闷的金属敲击声音，所产生的高压会使发动机机件负荷增加，活塞和连杆损坏及气门、火花塞、活塞等零件过热，导致发动机寿命降低。

(3) 做功行程。当活塞运动到接近压缩行程上止点附近时，火花塞跳火点燃汽缸内的可燃混合气。这时由于进气门和排气门均处于关闭状态，使缸内气体温度和压力同时升高，高温高压的气体膨胀，推动活塞由上止点向下止点运动，并通过连杆带动曲轴旋转输出机械能，直到活塞到达下止点时，做功行程结束。做功行程中，瞬时最高压力可达3～5MPa，瞬时最高温度可达1930～2530℃。做功行程终了时，由于活塞下移，汽缸内容积增加，气体压力和温度都在降低，压力降低到0.3～0.5MPa，温度则降到1030～1330℃。

(4) 排气行程。在做功行程结束后，汽缸内的可燃混合气通过燃烧转变为废气。此时排气门开启，进气门处于关闭状态，活塞在曲轴和连杆的带动下由下止点向上止点运动，废气在自身残余压力和活塞的推力作用下从汽缸内经排气门排出，直到活塞到达上止点时，排气行程结束。由于排气系统存在排气阻力，所以在排气终了时，汽缸内压力稍高于大气压力，为0.102～0.120MPa，废气温度为630～930℃。

因燃烧室占有一定容积，故排气终了时，不可能将废气全部排尽，留下的这一部分废气称为残余废气。

排气行程结束后，进气门再次开启，又开始下一个工作循环。如此周而复始，发动机就连续运转。发动机工作时，需要连续不断地进行循环，在每个循环中都是依次完成进气、压缩、做功、排气4个活塞行程。

2) 四冲程柴油机的工作原理

四冲程柴油机工作原理如图1-6所示。与四冲程汽油机一样，四冲程柴油机每个工作循环也是由进气、压缩、作功和排气4个活塞行程组成。但由于柴油和汽油使用性能的不同，柴油机在可燃混合气的形成方式、着火方式等方面与汽油机有着较大的区别。这里主要介绍四冲程柴油机与四冲程汽油机工作原理的不同之处。

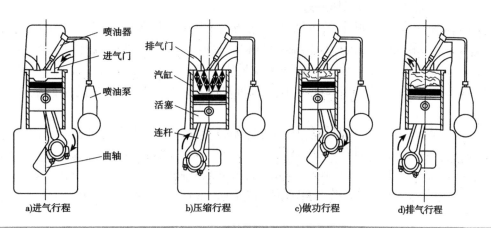

图1-6 四冲程柴油机工作原理示意图

(1)进气行程。柴油机在进气行程中进入汽缸的是纯空气,而不是可燃混合气。

(2)压缩行程。柴油机在压缩行程中压缩的是进气行程进入汽缸内的纯空气。由于柴油机压缩比高,压缩终了时,缸内气体的温度和压力均高于汽油机,汽缸内空气压力可达3.5~4.5MPa,温度可达480~730℃。

(3)做功行程。柴油机做功行程与汽油机有很大区别。在压缩行程接近上止点时,喷油泵泵出的高压柴油(10MPa以上)经喷油器呈雾状喷入汽缸内的高温空气中,柴油迅速吸热、蒸发、扩散,与空气混合形成可燃混合气。由于此时汽缸内的温度远高于柴油的自燃温度(220℃左右),因此形成的可燃混合气自行着火燃烧,并在随后的一段时间内边喷油边混合边燃烧,汽缸内气压急剧上升到6~9MPa,温度也升到1730~2230℃。在高压气体推动下,活塞向下运动并带动曲轴旋转而做功。

(4)排气行程。柴油机与汽油机的排气行程基本相同。

柴油机与汽油机相比,柴油机压缩比高,燃油消耗率低,故燃油经济性较好,环保性也较好,且柴油机没有电气和点火系的故障。但柴油机转速低、质量大、制造和维修费用高。柴油机的这些缺点逐渐得到克服,其应用越来越广,目前部分轿车也采用柴油机。

3)工作循环的特点

由上述单缸四冲程汽油机和单缸四冲程柴油机的工作原理可知,四冲程发动机工作循环具有以下特点。

(1)每完成一个工作循环,曲轴旋转2圈(720°);每一行程,曲轴旋转半圈(180°)。进气行程中,进气门开启、排气门关闭;排气行程中,排气门开启、进气门关闭;其余两个行程,进、排气门均关闭。

(2)在4个活塞行程中,只有做功行程产生动力,其余3个活塞行程则是为做功行程做准备的辅助行程,且要消耗动力。虽然做功行程是主要的,但其他3个行程也是必不可少的。

(3)发动机启动时(第一个工作循环),必须借助外力带动曲轴旋转以完成进气、压缩行程,在混合气着火作功行程开始后,曲轴和飞轮储存的能量使发动机转入正常运转状态。

4)多缸四冲程发动机的工作原理

在单缸四冲程发动机每个工作循环所经历的4个活塞行程中,只有作功行程为有效行程,其他3个行程为消耗机械能的辅助行程。这样,发动机曲轴在作功行程中的转速快,在其他行程中转速慢。所以一个工作循环中,曲轴的转速是不均匀的。为了保证发动机运转平稳,现代汽车发动机都采用多缸四冲程发动机,应用最多的是四缸、六缸和八缸发动机。

多缸四冲程发动机每个汽缸所经历的工作循环与单缸四冲程发动机相同,但各缸的作功行程并非同时进行,而是按一定顺序进行。因此,对于多缸四冲程发动机来说,曲轴每转两周,各缸分别作功一次,且各缸作功间隔角(以曲轴转角表示)保持一致。对于缸数为 i 的四冲程直列式发动机而言,作功间隔角为 $720°/i$。汽缸数越多,发动机工作越平稳,但结构也越复杂。

发动机总体构造和主要性能指标

1 发动机的总体构造

汽油发动机通常由两大机构、五大系统组成，而柴油机由两大机构、四大系统组成。两大机构是指曲柄连杆机构和配气机构，五大系统是指燃料供给系统（包括燃油供给系统、空气供给系统、排气系统和电子控制系统）、冷却系统、润滑系统、点火系统（柴油机无此系统）和起动系统。五菱荣光汽车B12发动机（型号为LAQ）外形如图1-7所示，发动机分解如图1-8、图1-9所示。

图1-7　LAQ型发动机外形图

（1）曲柄连杆机构。曲柄连杆机构是发动机借以产生动力，并将活塞的往复直线运动转变为曲轴的旋转运动而输出动力的机构。

曲柄连杆机构主要由汽缸体、汽缸盖、活塞、连杆、曲轴和飞轮等组成。

（2）配气机构。配气机构的功用是根据发动机的工作需要，适时地打开进气门或排气门，使可燃混合气及时地充入汽缸，或使废气及时地从汽缸内排出；在发动机不需要进气或排气时，则利用气门将进气通道或排气通道关闭，以保持汽缸密封。

配气机构主要由气门、气门弹簧、凸轮轴、正时齿带及带轮等组成。

（3）燃料供给系统。汽油机燃料供给系统的功用是向汽缸内供给已配好的可燃混合气（缸内喷射式发动机为空气），并控制进入汽缸内的可燃混合气的数量，以调节发动机的输出功率和转速，最后将燃烧后的废气排出汽缸。

汽油机的燃料供给系由燃油箱、燃油滤清器、燃油泵、节气门体、喷油器、空气滤清器、进气歧管、排气歧管和排气消声器等组成。

（4）点火系统。汽油机点火系统的功用是按一定时刻向汽缸内提供电火花，及时点燃汽缸中被压缩的可燃混合气。

点火系统通常由电源（蓄电池和发电机）、点火开关、点火线圈、火花塞等组成。

（5）冷却系统。冷却系统的功用是利用冷却介质冷却高温零件，并通过散热器将热量散发到外界，以保证发动机正常工作。

水冷式冷却系统通常由水泵、散热器、风扇、节温器、水套等组成。

（6）润滑系统。润滑系统的功用是将清洁的发动机润滑油（机油）分送至各个摩擦表面，以减小摩擦和磨损，并清洗、冷却摩擦表面，从而延长发动机的使用寿命。

润滑系统一般由机油泵、机油滤清器、集滤器、限压阀、润滑油道、油底壳等组成。

（7）起动系统。起动系统的功用是带动飞轮旋转以获得必要的动能和起动转速，使静止的发动机起动并转入自行运转状态。

起动系统包括起动机及其附属装置。

项目一 发动机总体构造与维修安全知识

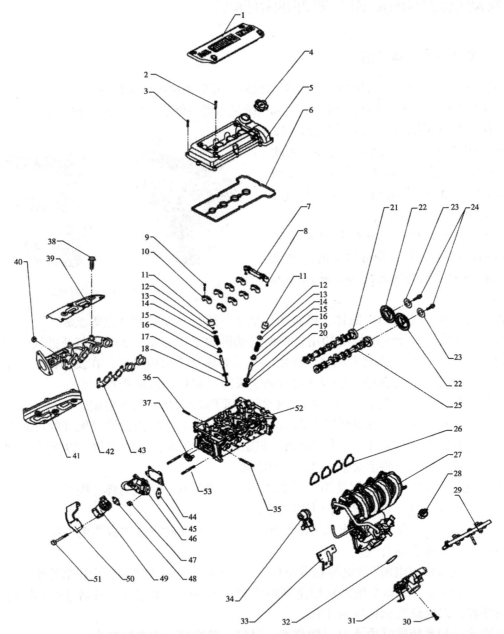

图1-8 LAQ型发动机分解图(上端)

1-点火高压线罩盖；2-汽缸盖罩盖螺栓1；3-汽缸盖罩盖螺栓2；4-加油口盖；5-汽缸盖罩；6-密封圈；7-凸轮轴联盖；8-定位销；9-凸轮轴轴承盖螺栓；10-凸轮轴轴承盖；11-气门顶柱；12-气门锁夹；13-气门弹簧座；14-气门弹簧；15-气门油封；16-气门导管；17-排气门座；18-排气门；19-进气门座；20-进气门；21-排气凸轮轴；22-凸轮轴链轮；23-垫片；24-螺栓；25-进气凸轮轴；26-进气歧管密封圈；27-进气歧管；28-炭罐电磁阀；29-燃油分配管；30-螺栓；31-节气门体；32-节气门体密封圈；33-进气歧管安装支架；34-PDA执行器；35、36-双头螺柱；37-凸轮轴位置传感器；38-螺栓；39-隔热罩(上)；40-带肩螺母；41-隔热罩(下)；42-排气歧管；43-排气歧管垫圈；44-出水管座垫圈；45-废气再循环(EGR)管垫片；46-出水管座；47-螺栓；48-EGR阀垫片；49-EGR阀；50-加强板；51-螺栓；52-缸盖；53-双头螺柱

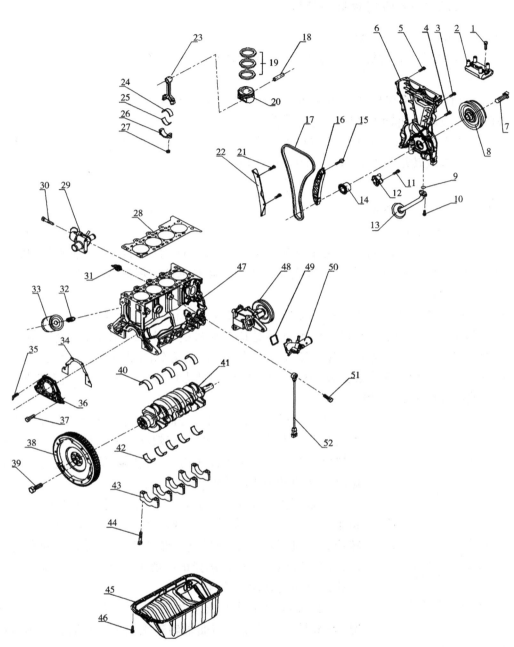

图1-9　LAQ型发动机分解图(下端)

1-螺栓；2-点火线圈；3-螺栓1；4-螺栓2；5-螺栓3；6-发动机前盖；7-曲轴V带轮螺栓；8-曲轴V带轮；9-O形圈；10-螺栓；11-螺栓；12-张紧器；13-机油集滤器；14-曲轴链轮；15-螺栓；16-正时链导轨；17-正时链；18-活塞销；19-活塞环组件；20-活塞；21-螺栓；22-正时链导轨；23-连杆；24-连杆轴瓦1；25-连杆轴瓦2；26-连杆轴承盖；27-螺母；28-汽缸盖垫片；29-节温器；30-螺栓；31-机油压力传感器；32-双头螺柱；33-机油滤清器；34-曲轴后油封座垫圈；35-螺钉；36-曲轴后油封；37-螺栓；38-飞轮；39-螺栓；40-主轴瓦1；41-曲轴；42-主轴瓦2；43-主轴承盖；44-螺栓；45-油底壳；46-螺栓；47-汽缸体；48-水泵；49-密封圈；50-进水管座；51-螺栓；52-爆震传感器

2 发动机的主要性能指标与特性

1)发动机的主要性能指标

发动机的主要性能指标有动力性指标(有效转矩、有效功率,转速等)和经济性指标(燃油消耗率)。

(1)有效转矩。发动机通过飞轮对外输出的转矩称为有效转矩,以T_e表示。有效转矩与外界施加于发动机曲轴上的阻力矩相平衡。

(2)有效功率。发动机通过飞轮对外输出的功率称为发动机的有效功率,用P_e(kW)表示,它等于有效转矩与曲轴角速度的乘积,即

$$P_e = \frac{T_e \cdot n}{9550}$$

式中:T_e——有效转矩(N·m);

n——曲轴转速(r/min)。

(3)燃油消耗率。发动机每发出1kW有效功率,在1h内所消耗的燃油质量(以g为单位),称为燃油消耗率,用g_e表示。很明显,燃油消耗率越低,经济性越好。

2)发动机特性

发动机的性能是随着许多因素而变化的,其变化规律称为发动机特性。

(1)发动机转速特性。发动机转速特性是指发动机的功率P_e、转矩T_e和燃油消耗率g_e三者随曲轴转速n变化的规律。当节气门开到最大时,所得到的是总功率特性,也称为发动机外特性(图1-10),它代表了发动机所具有的最高动力性能。而把在节气门其他开度情况下得到的特性称为部分特性。

由图1-10中可以看出,当曲轴转速为n_2时,发动机发出最大转矩T_e。当转速达到n_3时,有效功率P_e达最大值。发动机最小燃油消耗率g_e的相应转速为n_5,它的数值一般是介于最大转矩时的转速和最大功率时的转速之间。

要根据汽车实际工作情况来选择合适的发动机转速n。如超车时,一般选择发动机有效功率P_e最大值所对应的发动机转速,爬陡坡时,选择发动机最大转矩T_e所对应的发动机转速,而一般情况下尽量选择最小燃油消耗率g_e所对应的发动机转速,以提高燃油经济性。

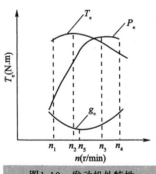

图1-10 发动机外特性

(2)发动机工作状况。发动机工作状况(简称发动机工况)一般是用它的功率与曲轴转速来表征,有时也可用负荷与曲轴转速来表征。

发动机在某一转速之下的负荷就是此时发动机发出的功率与同一转速下所可能发出的最大功率之比,以百分数表示。

图1-11中表示某发动机的一组特性曲线,Ⅰ表示相应于节气门全开时的外特性曲线,Ⅱ、Ⅲ分别表示节气门保持在开度依次减小的位置Ⅱ和位置Ⅲ所得的部分特性。

由图1-11中得知,在n=3500r/min时,若节气门全开,可得到该转速下所可能发出的最大功率45kW。但如果不全开而开到Ⅱ和Ⅲ的位置,则同样的转速下只能发出32kW或

20kW。根据上述定义，可求出 a、b、c 和 d 这 4 个工况下的负荷值：

工况 a：负荷为零（称为发动机空转工况）；

工况 b：负荷=20/45×100%=44.4%；

工况 c：负荷=32/45×100%=71.1%；

工况 d：负荷=45/45×100%=100%（即发动机全负荷）。

应当注意的是，不要把负荷和功率的概念相混淆。如果某一转速时全负荷（如 d 点），并不意味着是发动机发出的最大功率。发动机的最大功率，应当是工况 e 的功率。又如在工况 f 下，虽然功率比工况 c 小，但却是全负荷。因此，功率大小并不代表负荷的大小。

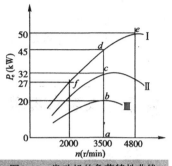

图1-11　发动机的负荷特性曲线

此外，在外特性曲线上各点都表示在各转速下的全负荷工况，但在同一根部分特性曲线上各点的负荷值却并不相同。在同一转速下，节气门开度越大表示负荷越大，但两者并不成比例。

任务二　汽车维修个人安全知识

汽车维修个人安全就是保护好自己免受伤害，包括使用防护装置、穿戴安全、职业行为和正确使用工具和设备。

一、眼睛的防护

在维修车间中，若操作不慎会使工作人员的眼睛发生感染或永久损伤。有些作业（如磨削）会散发出高速运动的细小金属颗粒和尘埃。这些金属颗粒和尘埃很容易进入作业者的眼睛中，将眼球擦伤或割伤。从有裂纹的管子或管接头中泄漏出的压力气体和液体可以喷射很远距离，这些化学品进入眼睛会导致失明。在汽车底下进行作业时，从腐蚀的金属上脱落下来的碎屑很容易落入眼睛中。

当工作环境存在损伤眼睛的风险时，就要戴上安全眼镜，以对眼睛进行保护。可供使用的护目器材有多种，如图1-12所示。为了对眼睛进行足够的保护，安全眼镜的镜片要用安全玻璃制成，还要对眼部侧面进行防护。普通眼镜不能对眼睛提供足够的防护，因此，普通眼镜不能作为安全眼镜使用。在车间里带普通眼镜时，应该配上侧面护罩。

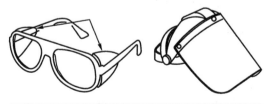

图1-12　常见的眼睛防护用品

一直戴着安全眼镜工作是个良好习惯，为了养成这样的习惯，应该选择佩戴舒适的安全眼镜。

进行某些作业时，应该佩戴其他的护眼器材，而不是安全眼镜。例如，维修汽车制冷系统时，就应当戴着防溅护目镜；用压力喷射清理零部件时，就要戴上防护面罩，防护面罩不仅能对眼部进行保护,还能对面部进行保护。

在蓄电池酸液、燃油、溶剂等化学品进入眼睛时,要用清水长时间冲洗眼睛,还要及时让医生进行药物处理。

许多维修车间都设有洗眼池和安全淋浴装置,当有化学品溅入眼睛时,可以用它进行清洗。

服装及装束要求

1 服装

工作时穿着的服装不但要合体舒适,还要结实。图1-13为汽车维修工工作着装的对比。宽松的服装很容易被运动的零部件和机器挂住。工作时也不要系领带。有些技师喜欢将工作服套在自己衣服的外面,穿工作服是为了保护自己,应以不妨碍自己的活动为原则。

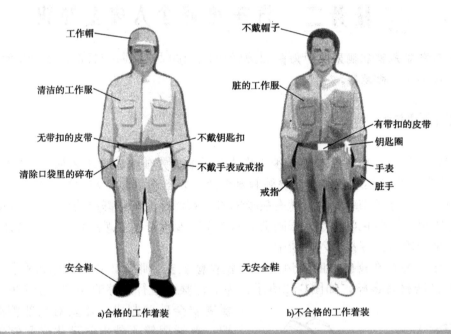

图1-13 维修工工作着装比较

2 头发和首饰

和宽松的衣服一样,蓬松的长发和悬挂的饰物也很容易引发事故,在靠近运动零部件和机器时,头发很可能被挂住。如果头发很长,工作时就应将其扎在脑后,或者塞到帽子里。不要戴戒指、手表、手镯和项链,这些都很容易被运动的零部件挂住,对人体造成严重损伤。

3 鞋

维修汽车时会拿放很多重物，若这些重物意外掉落可能会砸到脚面或脚趾上，所以一定要穿用皮革或类似材料做成的、具有防滑底的鞋。如图1-14所示，铁头安全鞋可以增强对脚部的保护。运动鞋、休闲鞋和凉拖鞋都不适合在车间穿着。

4 手套

维修人员常常忽视对手的保护。戴上手套不仅可以保护手免受损伤，而且还可以防止通过手染上疾病，并能使手保持干净。有多种不同的手套可供选戴。进行磨削、焊接作业或拿高温物件时，应该戴上厚手套。在处理强腐蚀性或危险性化学品时，应该戴上聚亚安酯或维尼龙手套，如图1-15所示，以免皮肤被这些化学品烧伤。戴上乳胶手套和橡胶手套可以防止油污沾到指甲上。乳胶手套戴起来很舒服，但在接触汽油、机油和溶剂时很容易损坏。戴橡胶手套不如戴乳胶手套舒服，但橡胶手套不怕汽油、机油和溶剂。在进行不同的作业时，要选戴不同类型的手套，对手进行保护。

图1-14 防护鞋的类型

图1-15 维尼龙手套

三 呼吸系统防护

汽车维修工经常在有毒化学气体环境中工作。不论是暴露在有毒气体中还是过量尘埃中，都要戴上呼吸器或呼吸面罩，如图1-16所示。用清洗剂清洗零部件和喷漆是最常见的需要带上呼吸面罩进行的作业。处理吸附了灰尘的部件或有害物质时，也一定要戴高效呼吸面罩。

a)可重复使用的全面罩

b)一次性的半面罩

图1-16 呼吸面罩

四 耳朵保护

在噪声级很高的环境里时间过长，会导致听力下降甚至丧失。气动扳手、发动机带负荷运转、汽车在封闭空间里运转，都会产生有害的噪声。在经常有噪声的环境里工作时，应该带上耳罩或耳塞。常见耳塞的种类如图1-17所示。

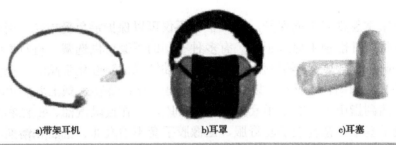

a) 带架耳机　　　　　　b) 耳罩　　　　　　c) 耳塞

图1-17　常见耳塞的种类

五 举升和搬运

掌握举升和搬运重物的正确方法非常重要，举升和搬运重物时，也要采取保护措施。只能举升和搬运那些在个人能力范围内的重物，对搬运物品的尺寸和质量没有把握时，应该找人帮忙。体积很小、很紧凑的零部件有时也会很重，或者举升和搬运时不好平衡。在举升和搬运物品前，先要考虑如何进行举升和搬运。搬运任何物体时，都应遵循以下方法：

（1）双脚要靠近搬运的物体，这样有利于在搬起物体时保持身体平衡。

（2）尽量使背部和肘部保持伸直，弯曲双膝，将双手放到能够牢牢抓住物品的最佳位置，如图1-18所示。

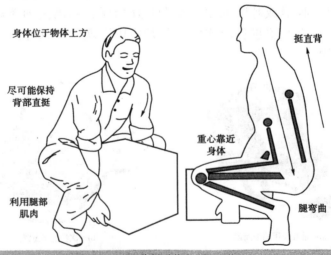

图1-18　搬运重物和合理姿势

(3)如果物品装在纸箱内,一定要确认箱子是结实的。旧的、潮湿的和封闭不良的纸箱很容易被撕烂,其中的物品可能会掉落。

(4)双手要抓牢物品或容器,在抬起物品并移动时,不要再改变手的位置。

(5)将物品靠近身体,通过伸直双腿举起物品,要利用双腿的肌肉,而不要用背部的肌肉。

(6)不要通过扭转身体来改变移动方向,一定要转动包括双脚在内的整个身体。

(7)将物品放到货架或柜台上时,不要向前弯曲身体,应将物品的边缘先放在货架上,然后向前推重物,注意不要将手指夹住。

(8)在放下重物时,弯曲膝盖,但要挺直背部,不要向前弯曲身体,否则会拉伤背部肌肉。

(9)将重物放到地面上时,应将物品放在木头垫块上,以保护手指免受损伤。

任务三 工具设备的使用安全及环境安全

汽车维修工人终日与工具、设备打交道,许多工伤事故是因为对工具设备使用不善和使用时粗心大意引起的。维修汽车时,需注意以下安全规则:

一 手工工具的使用安全

(1)选择大小和类型都合适的手工工具来做一项工作,而且只用指定用来做该项工作的手工工具。

(2)保持手工工具处于良好状态,不用时应存放在安全处。保持切削工具有合适的磨锋。

(3)切勿把尖的或削尖的工具放在衣袋里。

(4)加工小零件时,应把它们夹在台虎钳或夹紧装置上。

(5)手柄活动或断裂的工具应修理或更换。

(6)选用凿刀刀口至少要同待加工的凿口一样大。不要用凿子或冲子去冲坚硬部件,如固定销。切勿用錾子、冲子或刮刀当撬棍。过大的力会损坏或折断工具。

(7)多次敲击后,锐边可能折断或形成圆形头,应对其修整,保持全部冲子和凿刀的头部打磨平滑。

(8)当使用切削工具时,一定要使金属屑飞离身体,使双手以及手指处在刀口的后面。手柄应清洁、干燥及确保用手牢固地握住。

(9)切勿用锤敲击锉刀或把锉刀当作撬棍用。使用锉刀时,锉削行程总是朝向远离自己的方向并用锉刷刷净锉刀。

(10)一字或十字螺丝刀只能用来拧螺栓,切勿当作冲子或撬棍使用。拧螺栓时,确保螺丝刀的刀刃完全固定到螺栓槽中。不正确的配合可能损坏螺栓槽和螺丝刀的刀刃。保持螺丝刀的刀刃垂直于螺栓槽,使滑移量减至最少。

(11)使用敲击工具时,最好要佩戴合适的眼睛保护装置。对坚硬表面敲击时应用软锤。切勿用一个手锤敲打另一个手锤,否则手锤将会损坏或敲碎,且飞出碎片会引起伤人。

(12)作业中,应使用大小合适的扳手。打滑的扳手会损坏螺栓头和螺母,且易引起人身伤害。使用扳手时,应对扳手施加垂直的、均匀的拉力。若必须推扳手,则用手掌根部推,不要用手指抓住扳手,扳手不得翘起来,否则会使接触点受力增加,导致扳手损坏。

(13)不要用管子来加长扳手,在过大的作用力下,扳手或螺栓会打滑或断裂,如图1-19所示。也不要把扳手当锤子用,除非该扳手有此特定用途。

图1-19 工具的错误使用

(14)更换有裂纹或已磨损的扳手时,不要试图把弯曲的扳手矫直,这样只会进一步降低它的强度。

(15)鲤鱼钳有固定、夹紧、挤压和剪切作用,但不能用于转动。不要用鲤鱼钳代替扳手,因为鲤鱼钳会打滑而损坏螺栓头和螺母。

(16)动力、手动或冲击工具的套筒不应互换使用,否则会导致损坏或伤害。

(17)扭力扳手只用于拧紧螺栓或螺母,不应把它当一般扳手来使用。

动力工具设备的使用安全

以电力和压缩空气为动力的工具设备称为动力工具设备。使用时,需要注意以下事项:

(1)对动力工具设备的操作不了解或未经正确使用培训时,切勿操作动力工具设备。

(2)开动动力工具设备前,应确信没有别的物件会碰到设备的运转部件。

(3)全部电动工具(除非是双绝缘式)都必须搭铁。不要使用两脚插头插入三脚插座(第三脚是设备搭铁线)。切勿使用卸下第三搭铁线插头的设备。

(4)动力工具设备正在运转或电源接通时,切勿试图进行调整、上油或清洁等工作。将全部防护装置按照顺序保存在适当位置。

(5)确保气动工具和管路正确连接。

(6)当不用动力工具设备时,应关闭电源和拔出全部插头,并把所有设备放回到适当位置。

(7)操作某些设备时,应按规定戴安全眼镜、手套、面罩等保护用品。如在砂轮机修磨机件时,必须戴安全眼镜,如图1-20所示。

(8)在没有得到正确操作程序说明书时,不要开动任何机器。开动机器前应阅读使用说明书,学会正确使用设备和了解它的局限性。确保全部保护装置就位。

(9)操作机器设备要全神贯注,不要环顾周围或与别人交谈。工作场所应清洁、明亮。切勿在潮湿的地方工作。

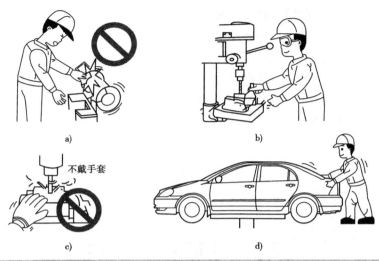

图1-20 使用电动设备时的安全规范

（10）如图1-21所示，不要从插座上猛拉电线或将汽车和设备压在电线上。

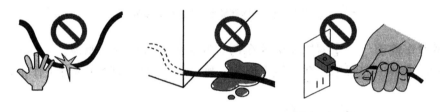

图1-21 电器电线的错误操作

（11）使用前，检查设备是否有故障。接通动力之前应做好所有调整工作。每当去掉安全设施进行调整、更换刀具或进行修理时，都要关掉设备电源，拔出插头。在检查期间，应锁上主开关和加上标记，或使断开的动力线随时被看得见。

（12）操作时，要等待机器全速稳定运转后才能开始工作。

（13）在机器完全停转后方可离开现场。手与任何刀具或运转零件之间要保持安全距离。手不要伸得太长，并要保持身体平衡。

三 举升车辆的安全

举升机可以举升车辆，这样技师就可以在汽车下工作，举升臂必须安置在汽车生产商推荐的举升部位。还应注意以下安全事项：

（1）举升机提升后，一定要确保保险锁锁止。松开保险锁后，缓慢操作控制手柄降低车辆。决不能用举升机或千斤顶去支撑超过其承载能力的物体，使用前检查它们的额定承载能力。

（2）引导别人把车开上举升机时，要站在驾驶员的侧面而不是车前方，然后用清楚明白的手势或口令向驾驶员指示行车方向。如果汽车有意外动作，确保自己有一个明确逃离方向。把车开到举升机上前要先检查车底的间隙，这非常重要。如果悬架系统或排气系统的位置较低也许会碰到举升机，导致相关部件损坏。

（3）把车开到举升机上之前，应安放好举升臂并确保没有任何阻碍。不要撞击举升机，开车碾过举升臂、连接器、支撑轴等行为都会破坏举升机、汽车或轮胎。

（4）放好举升臂接触垫，使之位于车辆支撑点位置。升起举机，使接触垫接触到汽车。然后检查接触垫，确保它们和汽车完全接触，如图1-22所示。最后将车辆举升到所需高度。

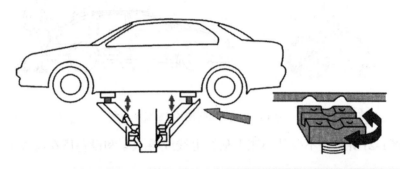

图1-22　确保接触垫与车辆可靠接触

（5）举升车辆前，一定要完全关闭车门、发动机舱盖和行李舱盖，车内有人时决不能将车辆升起，如图1-23所示。在车底工作前，确保举升机的保险锁装置工作正常。

图1-23　举升前的注意事项

（6）当车辆升到所需高度后，将车辆降低至其机械保险装置位置。在有些车上，组件的拆卸（或安装）会造成车辆重心的改变，这可能导致车辆在举升机上不稳。举升时，要参看车辆维修手册推荐的程序，以避免这种情况发生。

（7）车辆下面一定不要有工具箱、案台或其他设备。降下举机前，要按照操作程序打开保险锁装置。

四 环境安全

1 工作场地

工作场地要保持干净和安全，地面和工作台面要保持清洁、干燥和有序。地面有了机油、冷却液或润滑脂后会变得很滑，会导致操作人滑倒并造成严重的人体损伤（图1-24），可以用吸油剂清除油污。要保持地面干燥无水，地面有水后也会变得很滑，而且很容易导电。走廊和过道应该保持通畅和干净，并留出足够的宽度，以方便工作人员通过。机器周围的作业区域要足够大，保证能够安全地操作机器。

所有水渠都要用盖板盖好，敞开的水渠和不平的盖板很容易造成脚趾、脚踝和腿部受伤。

在电话附近要张贴最新的包括医生、医院、消防部门和警察部门在内的紧急电话号码，工作场所还要备有急救箱，如图1-25所示，以便对一些轻伤进行处理，还要有眼睛冲洗包随时备用。相关工作人员应知道这些应急用品的存放地点。

图1-24 湿滑的地面会对人体造成伤害

图1-25 典型的急救箱

2 汽油及易燃液体

汽油是一种易燃的挥发性液体，遇火后很容易燃烧。挥发性液体可以很快蒸发，易燃的挥发性液体就是潜在的燃烧弹，因此一定要将汽油和柴油装在安全油箱中，如图1-26所示。不要用汽油擦洗手和工具。

要小心地处理各种溶剂（或液体），以防泄漏。除了在倒出溶剂以外，所有盛装溶剂的容器都应保持密封，保持使用溶剂和化学品的区域适当通风非常重要。溶剂和其他易燃物品必须存放在符合安全要求的专用存储柜中或房间中。

从大容器中倒出易燃物品时要格外小心，静电产生的火花能够引起爆炸。用过的溶剂容器要及时丢弃或清理，容器底部残余的溶剂非常易燃。不要在易燃溶剂和化学品（包括蓄电池电解液)附近点火或吸烟。

沾油抹布也要存放在符合标准的金属容器中,如果将沾有机油、润滑脂或油漆的抹布随意丢弃或存放不当,很容易产生自燃。

3 蓄电池

维修汽车电气系统或进行焊接作业之前,要将负极电缆从蓄电池上拆下,并将其放置在远离蓄电池的地方,蓄电池安装连接情况如图1-27所示。

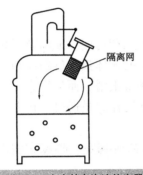

图1-26 安全储存汽油的容器

4 防火安全

要了解车间里所有灭火器的放置地点及其适用的火险类别(表1-1),在灭火器标签上都清楚地标明了灭火器的类型及其适用的火险类别。灭火时,一定要使用适合火险类别的灭火器。通用干粉灭火剂适用于扑灭一般易燃物、易燃液体和电气着火。汽油着火时,切不可向火中浇水,水会使火焰进一步蔓延。

灭火时,要站在距离火焰2~3m以外,将灭火器牢牢地拿住,对准火焰根部来回摆动喷嘴,扫过整个火焰区;低下身子以免吸入烟气,如果温度太高或烟气太大,就要撤离。记住,无论如何不要返回着火的建筑物内。

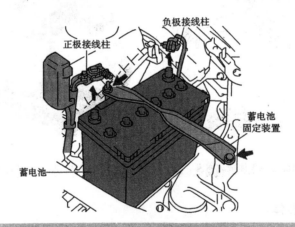

图1-27 蓄电池安装连接情况

汽车维修常用灭火器有手提泡沫灭火筒、鸭嘴式开关灭火器、干粉灭火器,手提式1211灭火器等,使用方法如下:

(1)使用手提泡沫灭火筒救火时,应用一只手握着灭火筒上端的提环,另一只手握着灭火筒的底边,把灭火筒倒转过来并摇动几下,灭火泡沫就会从喷嘴喷出。

(2)使用鸭嘴式开关灭火器时,先将灭火器提到着火处,将喷嘴对准火焰,拔出开关的保险销,握紧喇叭柄,将上面的鸭嘴向下压,二氧化碳气体即从喷嘴喷出。

(3)使用干粉灭火器时,先将干粉灭火器送到火场,需要将其上下颠倒几次,在离着火点3～4m远处撕去灭火器上的封记，拔出保险销，一手握紧喷嘴并对准火源，另一只手的大拇指将压把按下，干粉即可喷出。迅速摇摆喷嘴使粉雾横扫整个火区，由近而远向前推移可很快灭火。

灭火器选择列表　　　　　　　　　　　　　　　　　　　　　　　　　　表1-1

火情类别	火险类别	典型燃料	灭火器类型
A类火情（绿色）	一般易燃物； 降低温度或覆盖可以灭火	木头、纸、布、橡胶、塑料、垃圾、装潢材料等	水灭火器； 泡沫灭火器； 通用干粉灭火器
B类火情（红色）	易燃液体； 可用毯子将整个着火液体表面盖住，通过隔离灭火	汽油、润滑油、油漆、轻油等	泡沫灭火器； 二氧化碳灭火器； 卤化物灭火器； 干粉灭火器； 紫色K干粉灭火器； 通用干粉灭火器
C类火情（蓝色）	电气设备； 应尽快切断电源，一定要使用不导电的灭火器，以免受到电击	电动机、用电设备、电线、熔断丝盒、开关板等	二氧化碳灭火器； 卤化物灭火器； 干粉灭火器； 紫色K干粉灭火器； 通用干粉灭火器
D类火情（黄色）	可燃金属； 金属片、车削或刨削形成的火险要用专用灭火剂，通过窒息或覆盖灭火	铝、锰、钾、钠、锆等	只能用干粉灭火器

5　危险废弃物

　　汽车维修工业可以说是一个产生危险废弃物的地方，但是维修企业所维修的汽车才是真正产生危险废弃物的机器。例如，新机油不是有害废弃物，而废机油才是。一旦将机油从发动机里放出来，便产生了一种废弃物。这时，一定要合理处置这种危险废弃物。另外，还有很多从车上卸下来的其他废弃物需要进行正确的处理，如蓄电池、制动液和自动变速器油等。

　　发动机冷却液不允许倒入下水道，所有从车上排放出来的液体都不允许未经处理直接排放。可以将冷却液回收并再利用或进行正确处理。

　　汽车上的各种油液滤清器（自动变速器油、燃油和机油滤清器）也需要按照规定的方法进行处理。旧滤清器应当将液体排空并压碎或用特殊的转运桶盛放。多数国家规定，机油滤清器在处理或压碎之前至少要排油24h。

　　(1)汽车维修产生的废弃物主要有以下几种：

　　①喷漆和车身修理产生的废弃物；

　　②清洗零件和设备的溶剂；

　　③蓄电池和蓄电池酸性溶液；

④用于清洗金属和预备喷涂表面的弱酸；

⑤废机油和发动机冷却液；

⑥空调制冷剂；

⑦机油和机油滤清器。

（2）任何情况下，都不要使用下列方法来处理危险废弃物：

①将危险废弃物倒到杂草上来除掉杂草；

②将危险废弃物倒在铺满沙砾的街道上，以防止灰尘；

③将危险废弃物扔到垃圾筒里；

④在许可的处理厂以外的地方处理危险废弃物；

⑤将危险废弃物倒入下水道、洗手间、水池或地面排水管里；

⑥将危险废弃物埋入地下。

（3）处理废弃物和带有污物的废油应遵守以下原则：

①避免产生废弃物；

②回收利用废弃物；

③在无法避免产生废弃物和要循环利用废弃物的情况下，应对废弃物进行分离、分类和废弃处理，如图1-28所示。

图1-28　分类回收废弃物

回收利用的意义在于，将诸如已知来源的废油、有色金属废料、纸张等有价值物质作为原料再次投入到转化循环中。除回收应用于生产外，也可以通过回收转化为能量。转化为能量时，在不污染环境的情况下，可燃烧这些废弃物并合理利用其产生的热能。

有一些废弃物是无法回收利用的，其中包括来自沉积物收集装置的物质、带有污物的废油、清洗零件后的油水混合物，这些废弃物必须按环保要求予以清除。

项目二 曲柄连杆机构的构造与维修

任务一　曲柄连杆机构的认知

一、曲柄连杆机构的功用和组成

曲柄连杆机构是往复活塞式内燃机将热能转变为机械能的主要机构，其功用是把作用在活塞顶面上的压力转变为曲轴的转矩，向外输出动力。

曲柄连杆机构由机体组、活塞连杆组和曲轴飞轮组等组成（图2-1）。机体组主要包括汽缸盖罩、汽缸盖、汽缸垫、汽缸体及油底壳等；活塞连杆组主要包括活塞、活塞环、活塞销、连杆等；曲轴飞轮组主要包括曲轴、飞轮等。

二、曲柄连杆机构主要部件的构造

1　机体组

发动机的机体组（图2-2）主要由汽缸体、曲轴箱、汽缸盖、汽缸盖罩、汽缸垫、油底壳等组成。机体组是发动机的骨架，是发动机各机构和系统的装配基体。

1）汽缸体

水冷发动机的汽缸体和曲轴箱常制成一体，而且多缸发动机的各个汽缸也合铸成一个整体（图2-3），称为汽缸体—曲轴箱，简称汽缸体。汽缸体上半部有若干个为活塞在其中运动导向的圆柱形空腔，称为汽缸。下半部为支撑曲轴的曲轴箱，其内腔为曲轴旋转的空间。

项目二　曲柄连杆机构的构造与维修

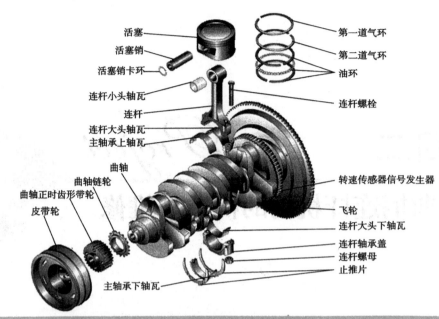

图2-1　曲柄连杆机构

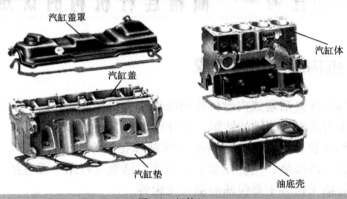

图2-2　机体组

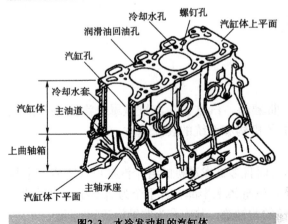

图2-3　水冷发动机的汽缸体

（1）汽缸的排列方式。根据汽缸排列形式不同，汽缸体分直列式、V形式、对置式等形式。

①直列式（图2-4）。各汽缸排成一直列的称为直列式汽缸排列，其特点是机体的宽度小而高度和长度大，一般只用于六缸以下的发动机，通常把采用汽缸直列式排列的发动机称为直列式发动机。

②V形式（图2-5）。两列汽缸排成V形的称为V形式汽缸排列，V形发动机汽缸体宽度大，而长度和高度小，形状比较复杂。

但汽缸体的刚度大，质量和外形尺寸较小，多用于六缸以上大功率发动机上，通常把此种发动机称为V形发动机。V形的打开角度被称为V形汽缸夹角，为了平衡，V6发动机的汽缸平角最好为90°，V8发动机的汽缸夹角最好为60°。

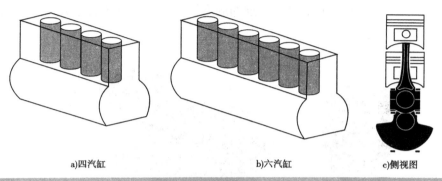

a)四汽缸　　　　　b)六汽缸　　　　　c)侧视图

图2-4　直列式

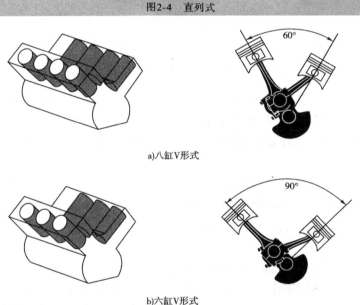

a)八缸V形式

b)六缸V形式

图2-5　V形式

③对置式（图2-6）。对置式发动机是指两列汽缸水平相对排列，其优点是重心低，而且对置式发动机的平衡性较好。

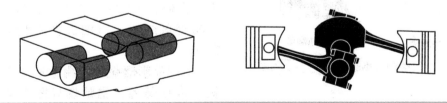

图2-6　对置式

（2）汽缸体的冷却。汽车发动机多采用水冷的方式（见图2-3），利用水套中的冷却水流过高温零件的周围而带走多余的热量。风冷发动机一般将汽缸体与曲轴箱分开铸造，为增强散热效果,在汽缸体与汽缸盖的外表面铸有散热片,如图2-7所示。

(3)汽缸套。某些轿车发动机采用合金铸铁无汽缸套式的汽缸体,即不镶嵌任何汽缸套,在汽缸体上直接加工出汽缸。这可以缩短汽缸中心距,使汽缸体的尺寸和质量减小,刚度增大,工艺性好。但是为了保证汽缸的耐磨性,整个汽缸体必须采用耐磨的合金铸铁制造,成本较高。

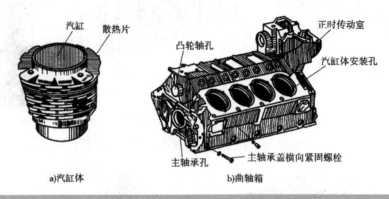

图2-7 风冷发动机的汽缸体

现代汽车多采用在汽缸体内镶入耐磨性较好的汽缸套,延长汽缸的使用寿命。根据是否与冷却水相接触,汽缸套分为干式汽缸套和湿式汽缸套。

①干式汽缸套。汽缸套的外表面不直接与冷却水接触,称为干式汽缸套,如图2-8a)所示。

②湿式汽缸套。湿式汽缸套则与冷却水接触,如图2-8b)所示。大多数湿式汽缸套安装后,其顶面一般高出汽缸体0.05~0.15mm。这样,在紧固汽缸盖螺栓时,可将汽缸垫压得更紧,以保证汽缸的密封性,防止漏水、漏气。

2)汽缸盖

汽缸盖用来封闭汽缸的上部,并与活塞顶、汽缸壁共同构成燃烧室。汽缸盖内有与汽缸体相通的冷却水套、燃烧室、火花塞座孔(汽油机)或喷油器座孔(柴油机)、进排气道

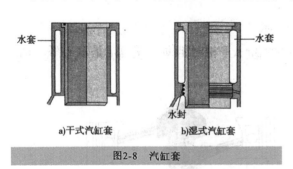

图2-8 汽缸套

等。上置凸轮轴式发动机的汽缸盖上还有用以安装凸轮轴的轴承座。图2-9为发动机的汽缸盖分解图。

汽油机的燃烧室是指,当活塞位于上止点时,由活塞顶部及汽缸盖上相应的凹部空间组成。汽油机常用燃烧室如图2-10a)~f)所示。

(1)盆形燃烧室。由于断面形状像澡盆,由此得名。盆形燃烧室上面有进气门、排气门,弯曲的进气歧管和排气歧管,容易产生进气涡流,但进气效率较低。

(2)倾斜盆形燃烧室。燃烧室上部是倾斜的,能产生较大的压缩比。

(3)楔形燃烧室。从前面看,它的形状为楔形。进、排气门是直立的,燃烧室具有可

以产生高压缩比、容易形成进气涡流等优点。其燃烧室表面积大，可以防止异常燃烧，但热损失大。

（4）半球形燃烧室。在燃烧室容积相同的情况下，半球形燃烧室的表面积最小，因此具有良好的热效率。火花塞置于燃烧室最高点，因此能让火焰快速扩张并充满整个燃烧室，能防止爆震。

（5）多球形燃烧室。进、排气门大，易形成进气涡流，燃烧室是由两个半球组合而成的，但是表面积增大，热效率比半球形燃烧室差。

（6）屋脊形燃烧室。形状像三角房屋的屋顶一样。屋脊形燃烧室容积小、燃料经济性好、输出功率大，能产生强烈的进气涡流，是高压缩比、高性能的燃烧室。

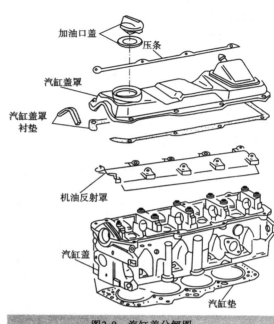

图2-9　汽缸盖分解图

3）汽缸垫

汽缸体与汽缸盖间装有汽缸垫（图2-11），用来保证汽缸体与汽缸盖结合面间的密封，防止气体、冷却液和润滑油等的泄漏。汽缸垫有金属—石棉汽缸垫和纯金属等结构形式。

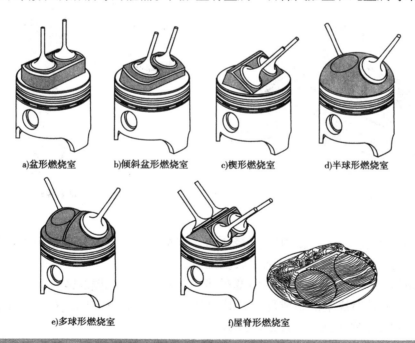

图2-10　汽油机燃烧室

4）汽缸盖罩

汽缸盖罩（图2-9）位于汽缸盖上部，起封闭及防尘作用，一般由薄钢板冲压而成，其上设有注油口。

5）油底壳

油底壳（图2-12）的作用是储存机油并封闭曲轴箱。油底壳一般为薄钢板冲压而成。在有的发动机上，为达到良好的散热效果，采用了铝合金铸造的油底壳，在壳底部还铸有散热片。为保证发动机纵向倾斜时机油泵仍能吸到机油，油底壳中部或后部做得较深。有时在油底壳中还设有挡油板，以减轻油面波动。底部装有磁性的放油螺栓，以吸附润滑油中的铁屑，减少发动机的磨损。

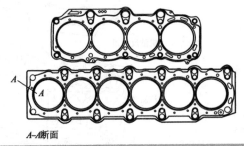
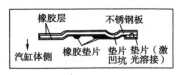

图2-11　汽缸垫

2　活塞连杆组

活塞连杆组主要由活塞、活塞环、活塞销和连杆等部件组成，如图2-13所示。

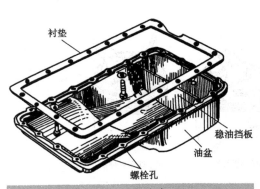
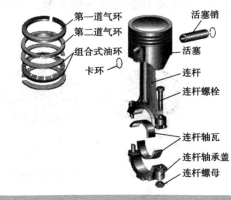

图2-12　油底壳　　　　　图2-13　活塞连杆组

1）活塞

活塞的主要功用是承受汽缸中的燃烧压力，并将此压力通过活塞销和连杆传给曲轴。此外，活塞还与汽缸盖、汽缸壁共同组成燃烧室。

活塞是由活塞顶部、活塞头部和活塞裙部三部分组成，如图2-14所示。

（1）活塞顶部是燃烧室的组成部分，其形状与选用的燃烧室形式有关。汽油机活塞顶有平顶、凹顶和凸顶等形式，如图2-15所示。

（2）活塞头部是指活塞顶至最下面一道活塞环槽之间的部分，其作用是承受气体压力、防止漏气、将热量通过活塞环传给汽缸壁。活塞头部切有若干环槽，用以安装活塞环。上面的2~3道槽用来安装气环，下面的一道用来安装油环。油环槽的底部钻有若干小孔,以使油环从汽缸壁上刮下的多余润滑油经此流回油底壳。

(3)活塞环槽以下的所有部分称为活塞裙部,其作用是引导活塞在汽缸中做往复运动,并承受侧压力。考虑轻量化和防止热膨胀的需要,有些活塞裙部开了细长的一字形、T形或U形槽。热膨胀的时候这些槽会变窄。

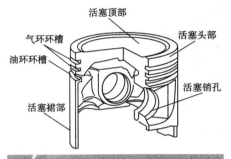

图2-14 活塞的基本结构

  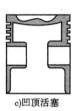

图2-15 活塞顶的形状

2)活塞环

活塞环包括气环和油环两种,如图2-16所示。

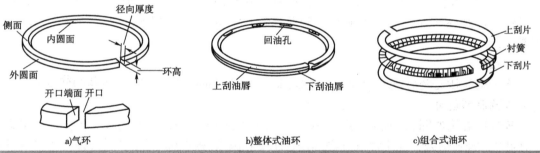

图2-16 活塞环

(1)气环又称为压缩环,其作用是保证活塞与汽缸壁间的密封,防止汽缸中的高温、高压燃气大量漏入曲轴箱,同时它还将活塞头的热量传导给汽缸壁。一般发动机上每个活塞装有2~3道气环。

(2)油环的作用是刮除汽缸壁上多余的机油,并在汽缸壁上布油。通常,发动机的每个活塞装有1道油环,也有个别发动机活塞在裙部上还装有1道油环。

3)活塞销

活塞销的功用是连接活塞和连杆小头,将活塞所承受的气体压力传给连杆。活塞销常见的结构形式如图2-17所示。

图2-17 活塞销的结构

活塞销与活塞销座孔和连杆小头衬套孔的连接配合方式有两种，即全浮式和半浮式（图2-18）。

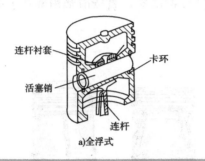
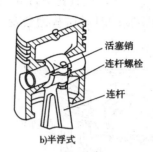

图2-18 活塞销的连接方式

（1）全浮式活塞销能在连杆小头衬套孔和活塞销座孔内做自由转动，可以保证活塞销沿圆周磨损均匀，因此应用较普遍。为防止活塞销轴向窜动而损坏汽缸壁，在活塞销座两端装有弹性卡环来限位。

（2）半浮式活塞销是用螺栓将活塞销夹紧在连杆小头孔内，这时活塞销只在活塞销孔内转动，在连杆小头孔内不转动。因而连杆小头孔内不装衬套，活塞销座孔内也不装挡圈。

4）连杆

连杆的功用是将活塞承受的力传给曲轴，推动曲轴转动，同时将活塞的往复运动转变为曲轴的旋转运动。

连杆的结构如图2-19所示，由连杆小头、杆身和连杆大头三部分组成。连杆小头用来安装活塞销以连接活塞，在全浮式连接的连杆小头孔内压有减磨的青铜衬套或铁基粉末冶金衬套。工作时，活塞销和衬套之间有相对转动，为了保证其润滑，在连杆小头和衬套上钻有集油孔或铣出集油槽，用于收集发动机运转时被溅上来的机油，以便润滑。有的发动机连杆小头采用压力润滑，在连杆杆身内钻有纵向的压力油道。

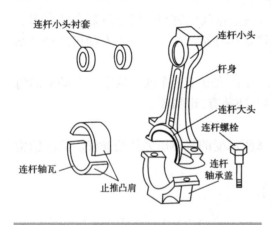

图2-19 连杆的结构

3 曲轴飞轮组

曲轴飞轮组主要由曲轴、飞轮、正时齿轮或正时链轮、V带轮及曲轴扭转减振器等组成，图2-20为发动机的曲轴飞轮组结构图。

1）曲轴

曲轴的主要功用是将活塞连杆组传来的气体压力转变为转矩，然后通过飞轮输出。另外，还用来驱动发动机的配气机构以及其他辅助装置（如发电机、风扇、水泵、转向油泵等）。

曲轴一般由主轴颈、连杆轴颈、曲柄、平衡块、前端轴和后端凸缘等组成,如图2-21所示。一个连杆轴颈和它两端的曲柄及相邻两个主轴颈构成一个曲拐。曲拐的数目取决于发动机的汽缸数目及其排列方式,直列发动机的曲拐数等于汽缸数,而V形和对置式发动机的曲拐数为汽缸数的一半。

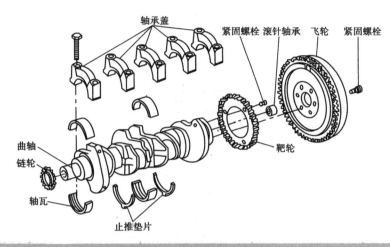

图2-20 发动机曲轴飞轮组

曲轴前端是第一道主轴颈之前的部分,装有驱动其他装置的机件(正时齿轮、V形带轮)及其起动爪、止推垫片及扭转减振器等。曲轴后端是最后一道主轴颈之后的部分,在其后端为安装飞轮的凸缘盘。

曲轴的形状及各曲拐的相对位置取决于汽缸数、汽缸排列形式和发动机的工作顺序。在选择各缸的工作顺序时,应使各缸的作功间隔力求均衡,即发动机每完成一个工作循环,各缸都应发火作功一次。对于缸数为i的四冲程发动机,其发火间隔角为$720°/i$,连续作功的两缸相距尽可能远些,以减轻主轴承负荷和避免进气行程中发生抢气现象;V形发动机左右两列应交替发火。

(1)四冲程直列四缸发动机的发火间隔角为720°/4=180°。四个曲拐在同一个平面内,如图2-22所示。发动机的工作顺序为1-2-4-3或1-3-4-2。工作循环表见表2-1、表2-2。

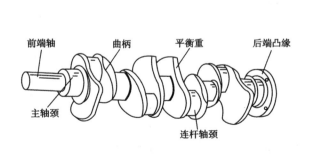

图2-21 曲轴的结构

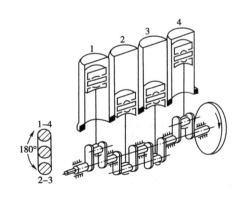

图2-22 直列四缸发动机的曲拐布置

项目二 曲柄连杆机构的构造与维修

直列四缸发动机工作循环表（发火顺序1-2-4-3） 表2-1

曲轴转角(°)	第1缸	第2缸	第3缸	第4缸
0～180	做功	压缩	排气	进气
180～360	排气	做功	进气	压缩
360～540	进气	排气	压缩	做功
540～720	压缩	进气	做功	排气

直列四缸发动机工作循环表（发火顺序1-3-4-2） 表2-2

曲轴转角(°)	第1缸	第2缸	第3缸	第4缸
0～180	做功	排气	压缩	进气
180～360	排气	进气	做功	压缩
360～540	进气	压缩	排气	做功
540～720	压缩	做功	进气	排气

（2）四冲程直列六缸发动机的发火间隔角为720°/6=120°。六个曲拐互成120°，如图2-23所示。发动机的工作顺序多为1-5-3-6-2-4，其工作循环表见表2-3。

直列六缸发动机工作循环表（发火顺序1-5-3-6-2-4） 表2-3

曲轴转角(°)	第1缸	第2缸	第3缸	第4缸	第5缸	第6缸
0～180 (0/60/120/180)	做功	排气 / 进气	进气 / 压缩	做功 / 排气	压缩 / 做功	进气
180～360 (240/300/360)	排气	进气	压缩 / 做功	排气 / 进气	做功 / 排气	压缩
360～540 (420/480/540)	进气	压缩 / 做功	做功 / 排气	进气 / 压缩	排气 / 进气	做功
540～720 (600/660/720)	压缩	做功 / 排气	排气 / 进气	压缩 / 做功	进气 / 压缩	排气

（3）四冲程V形八缸发动机的发火间隔角为720°/8=90°。四个曲拐互成90°，如图2-24

所示。发动机的工作顺序为1-8-4-3-6-5-7-2,其工作循环表见表2-4。

直列六缸发动机工作循环表(发火顺序1-5-3-6-2-4)　　　表2-4

曲轴转角(°)		第1缸	第2缸	第3缸	第4缸	第5缸	第6缸	第7缸	第8缸
0~180	0		做功	进气		排气			压缩
	90	做功			压缩	进气		排气	
180~360	180		排气	压缩		进气			做功
	270	排气			做功		压缩	进气	
	360		进气	做功		压缩			排气
360~540	450	进气			排气		做功	压缩	
	540		压缩	排气		做功			进气
540~720	630	压缩			进气		排气	做功	
	720		做功	进气		排气			压缩

2)扭转减振器

在曲轴的前端加装扭转减振器(图2-25),作用是吸收曲轴扭转振动的能量,消减扭转振动,避免发生共振。

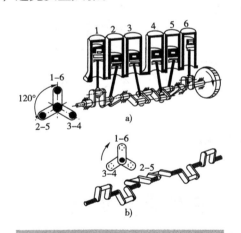

图2-23　直列六缸发动机的曲拐布置

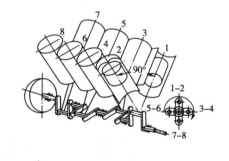

图2-24　四冲程V形八缸发动机的曲拐布置

3)飞轮

飞轮是一个转动惯量很大的圆盘,其主要功用是储存作功行程的一部分能量,以克服各辅助行程的阻力,使曲轴均匀旋转,使发动机具有克服短时超载的能力。此外,飞轮又常作为汽车传动系中摩擦离合器的主动盘。

发动机飞轮的构造如图2-26所示。飞轮的外缘上镶有齿圈,起动时,起动机上的齿轮与之啮合,为发动机起动提供动力。

项目二 曲柄连杆机构的构造与维修

飞轮上通常刻有第1缸点火正时记号,以便调整和检验点火(喷油)正时和气门间隙。如图2-27a)所示,解放CA6102型发动机的正时记号是 $\dfrac{上止点}{1-6}$,当该记号与飞轮壳上的刻线对准时,即表示1-6缸的活塞在上止点位置;如图2-27b)所示,东风EQ6100发动机有两处记号,一处是飞轮上的一个钢球与飞轮壳上的刻线对准时,另一处是当曲轴V带轮上的小缺口和正时齿轮盖上的突筋对准时,都表示1-6缸活塞在上止点位置。如图2-27c)所示,奥迪A6四缸发动机在曲轴带轮上刻有凹槽,当凹槽对准正时齿轮壳上的箭头时,则表示1-4缸的活塞在上止点位置。

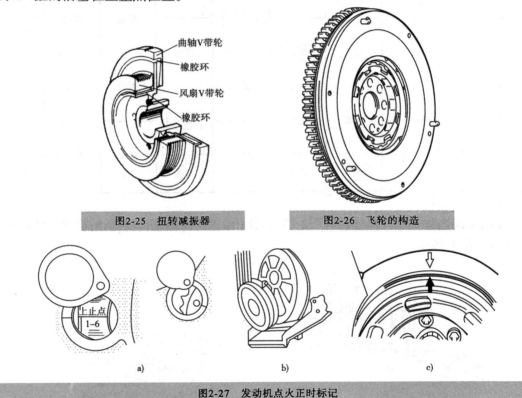

图2-25 扭转减振器　　　图2-26 飞轮的构造

a)　　　b)　　　c)

图2-27 发动机点火正时标记

任务二　水泵V带的检查与更换

一 实训准备

1 实训器材

(1)五菱荣光汽车(图2-28)。
(2)举升机(图2-29)。

(3)其他工具及器材：组合工具、扭力扳手、直尺、转向盘护套、变速杆手柄套、座位套、脚垫、翼子板和前格栅磁力护裙等。

图2-28　五菱荣光汽车

图2-29　举升机

2 准备工作

(1)汽车进入工位前，将工位清理干净，准备好相关的器材。
(2)将汽车停驻在举升机中央位置(图2-30)。
(3)拉紧驻车制动器操纵杆(图2-31)，并将变速杆置于空挡位置。
(4)套上转向盘护套、变速杆手柄套和座位套，铺设脚垫(图2-32)。
(5)在车内拉动发动机舱盖手柄(图2-33)。
(6)在车外打开并支撑发动机舱盖(图2-34)。
(7)粘贴翼子板和前格栅磁力护裙(图2-35)。

二、水泵V带的检查

(1)检查V带的张紧力。手拇指用大约98N的力压下V带，新V带变形量为6~10mm，表示V带张力正常(图2-36)，旧V带变形量为10~15mm，表示V带为张力正常。如果V带太紧或太松，可通过调节张紧器将V带调整到正常张力，调整好以后将螺栓拧紧。
(2)检查V带是否有裂纹、割伤、变形、磨损和脏污，如不能继续使用，应更换。

图2-30　停放汽车

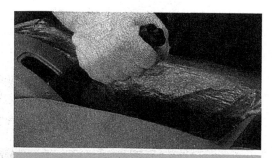

图2-31　拉紧驻车制动器操纵杆

项目二　曲柄连杆机构的构造与维修

图2-32　铺设脚垫

图2-33　拉动发动机舱盖手柄

图2-34　支撑发动机舱盖

图2-35　粘贴翼子板和前格栅磁力护裙

三　水泵V带的更换

1　水泵V带的拆卸

（1）举升起汽车，拆下发动机屏蔽组件。

（2）如图2-37所示，松开压缩机和压缩机支架螺栓，向上推压缩机至V带松弛状态。

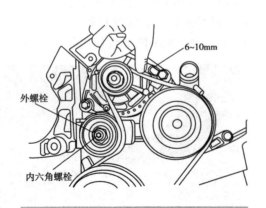

图2-36　水泵V带的检查

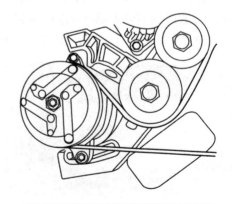

图2-37　水泵V带的拆卸（1）

（3）拆下压缩机V带。
（4）如图2-38所示，松开发电机调整螺栓，向上推发电机至V带松弛状态。
（5）取下水泵与发电机V带。

2 水泵V带的安装

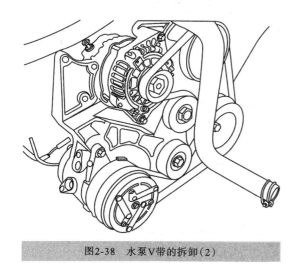

图2-38 水泵V带的拆卸（2）

（1）套好水泵V带，通过转动发电机调整水泵V带的张紧度（图2-37）。调整完毕后，紧固张紧轮螺栓至8~12N·m。注意：调整张紧轮时，应先用开口扳手固定外螺栓，然后用扳手按规定力矩拧紧内六角螺栓，否则无法调整张紧轮张紧度。

（2）装上压缩机V带，并通过转动压缩机调整压缩机V带的张紧度。调整合适后，分别以规定的力矩拧紧压缩机支架紧固螺栓和压缩机紧固螺栓。紧固压缩机支架紧固螺栓至8~12N·m，紧固压缩机紧固螺栓至8~12N·m。

（3）装上发动机屏蔽组件。

任务三　汽缸盖衬垫的更换

一、实训准备

1 实训器材

（1）组合工具（图2-39）。
（2）所需专用工具。
①PT-0023加长扳手（图2-40）。
②PT-0032凸轮轴止动工具（图2-41）。
（3）其他工具及器材：五菱荣光汽车（见图2-28）、举升机（见图2-29）、扭力扳手、钳子、螺丝刀、冷却液收集容器、转向盘护套、变速杆手柄套、座位套、脚垫、翼子板和前格栅磁力护裙等。

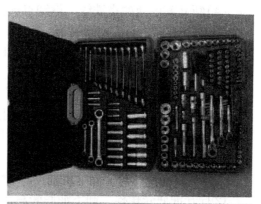

图2-39 组合工具

2 准备工作

(1) 汽车进入工位前，将工位清理干净，准备好相关的器材。
(2) 将汽车停驻在举升机中央位置(见图2-30)。
(3) 拉紧驻车制动器操纵杆(见图2-31)，并将变速杆置于空挡位置。
(4) 套上转向盘护套、变速杆手柄套和座位套，铺设脚垫(见图2-32)。
(5) 在车内拉动发动机舱盖手柄(见图2-33)。
(6) 在车外打开并支撑发动机舱盖(见图2-34)。
(7) 粘贴翼子板和前格栅磁力护裙(见图2-35)。

图2-40　PT-0023加长扳手

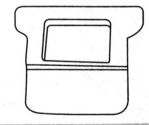

图2-41　PT-0032凸轮轴止动工具

二、汽缸盖衬垫的更换

1 汽缸盖衬垫的拆卸

(1) 翻转驾驶员座椅和前排乘客座椅。
(2) 起动发动机。在发动机失速后，使发动机曲轴转动10s，以释放燃油系统中的燃油压力。
(3) 拆卸换挡装置及驻车制动控制机构。
(4) 断开蓄电池的搭铁线，拆卸点火高压线和火花塞(图2-42)。
(5) 拆下发动机汽缸盖罩总成。
①从汽缸盖罩总成上拧下机油加注口盖总成。
②将曲轴箱通气管从汽缸盖罩上取下。
③按图2-43顺序拧松并取下汽缸盖罩螺栓(含汽缸盖罩螺栓垫圈总成)。
④取下汽缸盖罩总成和汽缸盖罩密封垫。
(6) 拆下发电机支架、发电机、空调压缩机支架、空调压缩机及其V带。
(7) 拆下前罩壳和正时链。
①拆下机油尺总成，卸下机油尺导管。
②拧开油底壳螺栓，卸下油底壳总成。
③如图2-44所示，拧开前罩壳上的紧固螺栓，拆下线夹、管夹和前罩壳总成。
④如图2-45所示，转动曲轴，使曲轴正时链轮键槽处于与汽缸体上的三角标记"△"

对齐（1、4缸活塞处于上止点），正时链标记与凸轮轴链轮标记"0"对齐，否则容易使活塞碰到气门，造成气门或活塞损坏。

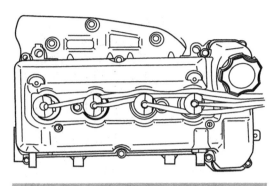

图2-42 汽缸盖衬垫的拆卸（1）

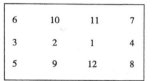

图2-43 汽缸盖衬垫的拆卸（2）

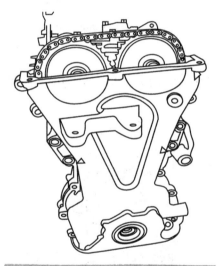

图2-44 汽缸盖衬垫的拆卸（3）

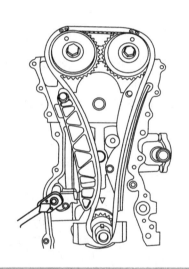

图2-45 汽缸盖衬垫的拆卸（4）

⑤松开张紧器螺栓和链条减振器螺栓。

⑥拆下链条减振器、张紧器导板和张紧器总成。

⑦拆下正时链。

（8）如图2-46所示，拆下曲轴正时链轮，取下半圆键。

（9）拆下凸轮轴正时链轮。

①如图2-47所示，用专用工具PT-0032固定凸轮轴，拧下凸轮轴链轮螺栓组合件。注意：拧下凸轮轴链轮螺栓组合件时，凸轮轴不能有太大的转动，以免活塞碰到气门。

②拆下凸轮轴正时链轮。

③取下凸轮轴圆销。

（10）拆下进气歧管总成。

①如图2-48所示，从节气门体上取下空气滤清器的波纹胶管。

②拆下进气温度压力传感器插头、炭罐电磁阀插头、节气门位置传感器插头和怠速步进电动机插头。

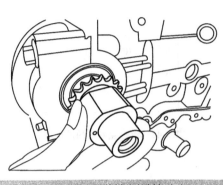

图2-46 汽缸盖衬垫的拆卸(5)

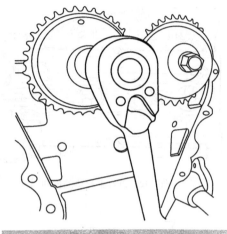

图2-47 汽缸盖衬垫的拆卸(6)

③拆下燃油分配管喷油器线束接头。

④如图2-49所示,从节温器盖上拆下出水管,放空冷冻液。注意:拆卸出水管前,应先放空并收集好冷却液,防止冷却液流出污染环境。

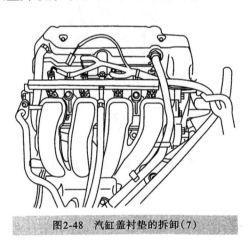

图2-48 汽缸盖衬垫的拆卸(7)

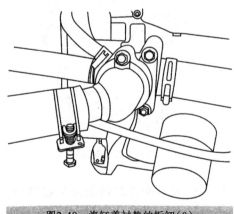

图2-49 汽缸盖衬垫的拆卸(8)

⑤松开PCV阀通气管夹箍,并拆下PCV阀通气管。

⑥拔下炭罐控制阀与炭罐连接的软管(图2-50)。

⑦拔下炭罐控制阀与进气管连接的真空管,并拆下炭罐控制阀支架螺栓,取下炭罐控制阀支架和炭罐控制阀。

⑧松开并拆下加速踏板拉索。

⑨如图2-51所示,拔出节气门体总成同进气歧管连接的回水橡胶软管。

⑩如图2-52所示,拔出节气门体总成同进水管连接的回水橡胶软管。

⑪拆除线束与各喷油器的接插头。

⑫如图2-53所示，松开并拆下燃油分配管紧固螺栓，拆下燃油分配管总成。

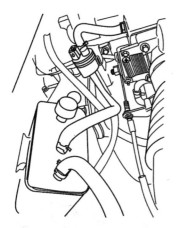

图2-50　汽缸盖衬垫的拆卸(9)

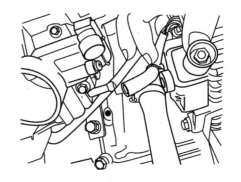

图2-51　汽缸盖衬垫的拆卸(10)

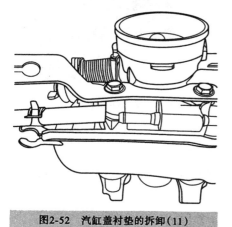

图2-52　汽缸盖衬垫的拆卸(11)

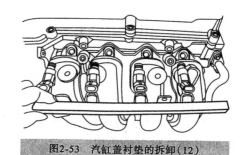

图2-53　汽缸盖衬垫的拆卸(12)

⑬松开EGR管紧固螺栓，拆下EGR管。
⑭如图2-54所示，松开并拆下节气门体紧固螺栓，拆下节气门体总成及密封垫。
⑮如图2-55所示，拆下真空助力接头、进气温度压力传感器。

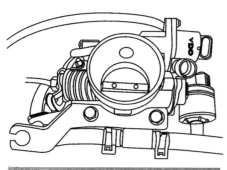

图2-54　汽缸盖衬垫的拆卸(13)

图2-55　汽缸盖衬垫的拆卸(14)

⑯如图2-56所示，松开并拆下进气歧管支架同进气歧管的连接螺栓，松开进气歧管支架同左悬架支架的连接螺栓。

⑰松开进气歧管螺栓、螺母，拆下螺栓螺母及吊钩和管夹，拆下进气歧管及进气歧管密封垫。

（11）拆下排气歧管总成。

①从排气歧管上拆下排气管。

②如图2-57所示，松开并拆下排气歧管上的氧传感器。

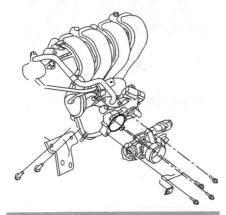

图2-56 汽缸盖衬垫的拆卸(15)

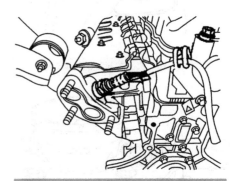

图2-57 汽缸盖衬垫的拆卸(16)

③松开紧固螺栓，拆下EGR阀。

④松开冷却液温度传感器螺栓，拆下冷却液温度传感器。

⑤松开出水管座紧固螺栓及节温器紧固螺栓，拆下节温器总成及出水管总成。

⑥如图2-58所示，拆卸排气歧管隔热板螺栓。

⑦拆卸排气歧管隔热板。

⑧按图2-59所示的顺序，拆卸排气歧管固定螺母。

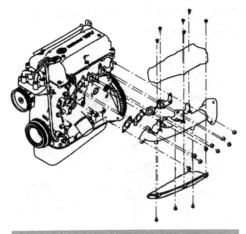

图2-58 汽缸盖衬垫的拆卸(17)

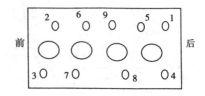

图2-59 汽缸盖衬垫的拆卸(18)

⑨拆卸排气歧管（图2-60）。
⑩拆卸排气歧管衬垫。
⑪清理排气歧管和汽缸盖密封面。
（12）按图2-61所示顺序，使用专用工具PT-0023松开并拆下汽缸盖连接螺栓。

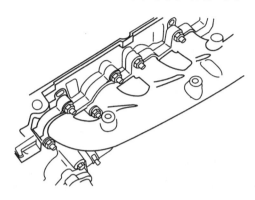

图2-60　汽缸盖衬垫的拆卸（19）

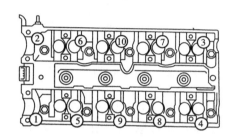

图2-61　汽缸盖衬垫的拆卸（20）

（13）如图2-62所示，拆下汽缸盖、汽缸盖衬垫总成。注意：拆卸汽缸盖时要小心，防止发动机机油、灰尘或冷却液进入发动机。否则可能导致损坏发动机。

2　汽缸盖衬垫的安装

（1）装好汽缸盖定位销，并之前按记下的方向安装汽缸衬垫总成。
（2）装上汽缸盖，并用专用工具PT-0023按规定力矩和图2-63所示顺序分两次依次拧紧汽缸盖连接螺栓，紧固汽缸盖连接螺栓至18～22N·m。

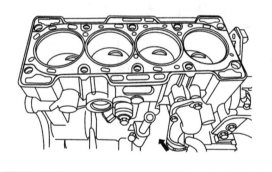

图2-62　汽缸盖衬垫的拆卸（21）

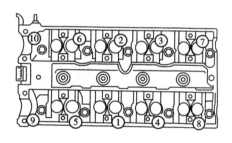

图2-63　汽缸盖衬垫的安装（1）

（3）装上排气歧管及氧传感器。
①安装排气歧管衬垫。
②安装排气歧管（图2-64）。
③安装排气歧管固定螺母并按图2-65所示顺序紧固，紧固排气歧管的安装螺母至18～23N·m。

④安装排气歧管隔热板。

⑤如图2-66所示，安装排气歧管隔热板螺栓，紧固排气歧管罩底盘和排气歧管内挡板总成的紧固螺栓和安装螺母至7~10N·m。

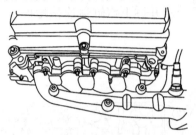

图2-64 汽缸盖衬垫的安装（2）

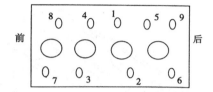

图2-65 汽缸盖衬垫的安装（3）

⑥装上氧传感器（见图2-57），并拧紧至37~47N·m。

⑦装上出水管总成，紧固出水管座螺栓至38~46N·m，紧固出水管座螺母至38~46N·m。

⑧装上节温器总成，紧固节温器螺栓至38~46N·m。

⑨将排气管安装到排气歧管上。

（4）装上进气歧管及相关的线束插头。

①取4片新的进气歧管密封垫，放在进气歧管同汽缸盖之间。

②如图2-67所示，将进气歧管安装到汽缸盖上，紧固进气歧管带肩螺栓至8~12N·m，紧固进气歧管带肩螺母至8~12N·m。

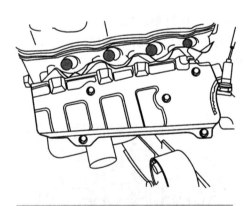

图2-66 汽缸盖衬垫的安装（4）

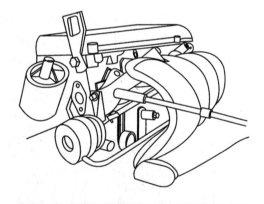

图2-67 汽缸盖衬垫的安装（5）

③装上进气歧管支架同进气歧管的连接螺栓以及进气歧管支架同左悬架总成的连接螺栓，紧固进气歧管支架同进气歧管的连接螺栓至18~22N·m，紧固进气歧管支架螺栓（连接缸体端）至20~22N·m。

④装上EGR管，紧固EGR管同EGR的紧固螺栓至8~12N·m，紧固EGR管同排气歧管的紧固螺栓至8~12N·m。

⑤装上燃油分配管总成，紧固燃油分配管总成的紧固螺栓至8~12N·m（见图2-53）。

⑥如图2-68所示，安装进气温度压力传感器，紧固进气温度压力传感器的紧固螺栓至

8~12N·m。

⑦安装PCV阀和真空助力接头到进气歧管上，紧固PCV阀和真空助力接头至7~10N·m。

⑧将节气门体总成和密封垫装到进歧气管上，紧固节气门体的紧固螺栓至18~22N·m（见图2-54）。

⑨装好炭罐控制阀。

⑩接上炭罐控制阀与进气管连接的真空管和夹箍（见图2-50）。

⑪按对应的位置安装好PCV阀通气管。

⑫将回水橡胶软管安装到节气门体总成上（图2-69）。

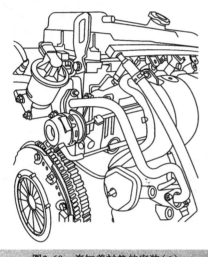

图2-68 汽缸盖衬垫的安装（6）

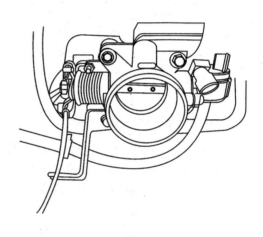

图2-69 汽缸盖衬垫的安装（7）

⑬接上炭罐电磁阀与炭罐连接的软管。

⑭将加速踏板拉索接到拉索支架上，并调整好拉索的松紧度。

⑮插上对应传感器（进气压力传感器、炭罐电磁阀、节气门位置传感器、怠速步进电动机）的插头和燃油分配管喷油器线束接头。

⑯将暖风机水管接到进气歧管的小管上。

⑰接上空气滤清器的波纹胶管（图2-70）。

（5）安装凸轮轴正时链轮。

①将凸轮轴正时链轮装到凸轮轴上。如图2-71所示，使齿轮带轮销孔对准圆销，且凸轮轴正时齿轮带轮上有圆点标记的一侧朝向发动机前侧。

②装上凸轮轴链轮螺栓组合件时，注意用专用工具PT-0032止动，防止凸轮轴转动，并在装好正时链后，紧固凸轮轴螺栓组合件至18~22N·m。

（6）安装曲轴正时链轮。将半圆键安装到曲轴的键槽内。将曲轴正时链轮挡片和曲轴正时链轮装到曲轴上，使键槽对准半圆键（图2-46）。

（7）按要求装上正时链，并调整好正时及气门间隙。

①安装张紧器总成、张紧器导板和消振带，按规定力矩拧紧螺栓，直至进气正时链导轨总成能用手容易地移动为止。

②小范围转动曲轴和凸轮轴,使凸轮轴正时链轮、曲轴正时链轮的标记同汽缸体凸出的标记正对(见图2-45)。

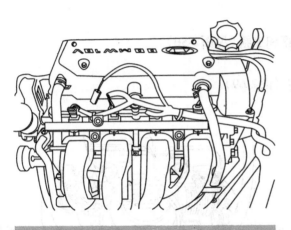

图2-70　汽缸盖衬垫的安装(8)

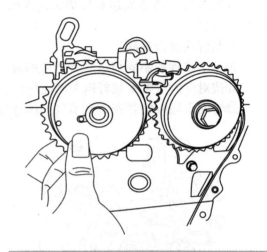

图2-71　汽缸盖衬垫的安装(9)

③装上正时链,使曲轴正时链轮和凸轮轴正时链轮之间的正时链完全没有松动。

④安装好正时链后,为了张紧松弛的正时链,可顺时针方向转动曲轴两圈。当确定正时链无松弛后,拧紧调整螺栓至10~14N·m。

⑤安装前罩壳总成(见图2-44),并将紧固螺栓拧紧至9~11N·m。

⑥安装好油底壳总成。

⑦如图2-72所示,安装好机油尺导管总成及机油尺,紧固机油尺导管螺栓至8~12N·m。

⑧安装好发电机支架、发电机、空调压缩机支架、空调压缩机及其V带。

(8)装上发动机汽缸盖罩总成及相关的线夹。

①如图2-73所示,将机油加注口盖总成安装到汽缸盖罩上,并拧紧机油加注口盖总成。

②重新装上汽缸盖罩衬垫和汽缸盖罩。

③安装汽缸盖罩螺栓(含汽缸盖罩螺栓垫圈总成),并按图2-74所示顺序依次拧紧汽缸盖罩螺栓至8~12N·m。

④重新将曲轴箱通气管装到汽缸盖罩上,并套好夹箍。

(9)如图2-75所示,装上火花塞,并按规定力矩拧紧,紧固火花塞至22~28N·m。

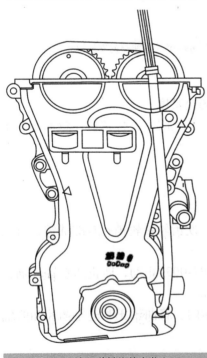

图2-72　汽缸盖衬垫的安装(10)

(10)接好点火高压线及蓄电池负极搭铁线。

(11)装上换挡装置及驻车制动控制机构。
(12)放低并锁好汽车前排座椅。

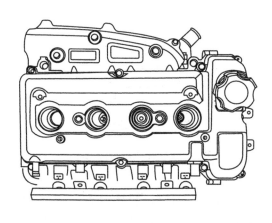

图2-73 汽缸盖衬垫的安装(11)

7	3	2	6
10	11	12	9
8	4	1	5

图2-74 汽缸盖衬垫的安装(12)

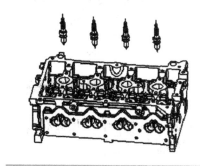

图2-75 汽缸盖衬垫的安装(13)

任务四　活塞连杆组件的检查与更换

一、实训准备

1　实训器材

(1)扭力扳手(图2-76)。
(2)外径千分尺(图2-77)。

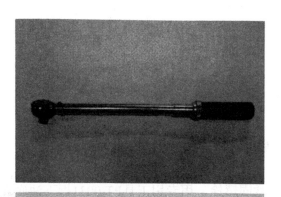

图2-76 扭力扳手

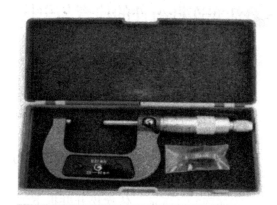

图2-77 外径千分尺

(3)所需专用工具。
①PT-0010活塞环安装器(图2-78)。
②PT-0031油底壳拆卸工具(图2-79)。

图2-78　PT-0010活塞环安装器

图2-79　PT-0031油底壳拆卸工具

(4)其他工具及器材：五菱荣光汽车(见图2-28)、举升机(见图2-29)、组合工具(见图2-39)、厚薄规、钳子、螺丝刀、百分表、卡簧钳、塑料间隙规、抹布、刮刀、砂纸、密封胶(Loctite5900)、转向盘护套、变速杆手柄套、座位套、脚垫、翼子板和前格栅磁力护裙等。

2 准备工作

(1)汽车进入工位前，将工位清理干净，准备好相关的器材。
(2)将汽车停驻在举升机中央位置(见图2-30)。
(3)拉紧驻车制动器操纵杆(见图2-31)，并将变速杆置于空挡位置。
(4)套上转向盘护套、变速杆手柄套和座位套，铺设脚垫(见图2-32)。
(5)在车内拉动发动机舱盖手柄(见图2-33)。
(6)在车外打开并支撑发动机舱盖(见图2-34)。
(7)粘贴翼子板和前格栅磁力护裙(见图2-35)。

二 活塞连杆组件的检查与更换

1 活塞连杆组件的拆卸

(1)拆卸汽缸盖。
(2)用抹布擦干净汽缸盖的残渣和积尘。
(3)拆卸油底壳。
①松开并取下油底壳放油螺塞(图2-80)，放出机油。
②拆卸油位计总成。
③如图2-81所示，依次松开并拆下油底壳紧固螺栓，用专用工具PT-0031拆下油底壳总成。

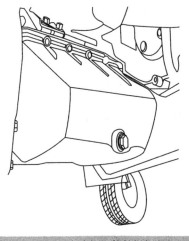

图2-80 活塞连杆组件的拆卸（1）

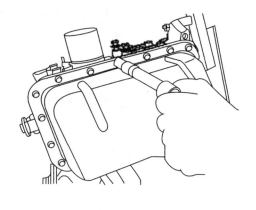

图2-81 活塞连杆组件的拆卸（2）

④如图2-82所示，松开并拆下机油集滤器总成紧固螺栓，拆下机油集滤器总成和O形密封圈。

（4）如图2-83所示，松开连杆螺母。

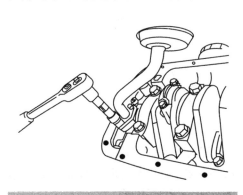

图2-82 活塞连杆组件的拆卸（3）

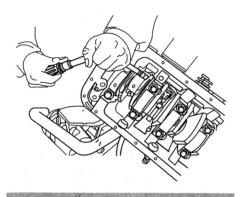

图2-83 活塞连杆组件的拆卸（4）

（5）如图2-84所示，拆下连杆轴承盖和连杆轴瓦。注意：确保拆下来的连杆轴承盖、连杆螺母、连杆轴瓦和连杆按对应的顺序放置。

（6）从汽缸内取出活塞连杆组件，并注意以下事项：

①拉出活塞连杆组件之前，在活塞顶部写上汽缸号码，以免混淆；同时记好活塞所对应的进排气位置，以免安装时损坏气门或活塞。

②把活塞连杆组件推出时，切不可推压连杆体结合面。如需要推压，应把螺母旋在连杆螺栓上，使用锤柄推压螺母。

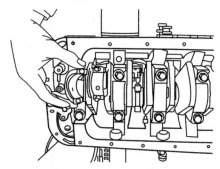

图2-84 活塞连杆组件的拆卸（5）

③连杆上必须写上汽缸号码，以免混淆。活塞连杆组件拆出后，应把连杆轴承盖与连杆体对应连在一起（图2-85），以免混淆。

(7)取出另一片连杆轴瓦。注意：轴瓦对应的顺序并做好标记。

(8)用卡簧钳从活塞的两端轻轻地拆下活塞销卡环。

(9)如图2-86所示，推出活塞销，将连杆和活塞拆分开来。注意：拆下活塞销之前，在连杆上写上对应的汽缸号码；把活塞、活塞销和连杆以及连杆轴承盖安装在一起，放在专用盛具中。

(10)拆下活塞环。清洗活塞的光面，并用合适的刮刀清除活塞的凹槽和铜销中的油脂。

2 活塞连杆组件的检查

(1)检查活塞环间隙。

图2-85 活塞连杆组件的拆卸(6)

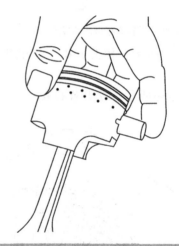

图2-86 活塞连杆组件的拆卸(7)

①如图2-87所示，使用厚薄规测量每个活塞环在槽内的侧间隙。如果超过规定限度时，测量槽宽和环厚，决定更换活塞或活塞环，或两者是否都更换。

②测量活塞环开口间隙。如图2-88所示，测量时，把活塞环放入缸孔中，把它推入缸孔的底部，如果测量的间隙超过限度时，必须更换活塞环。

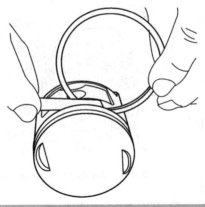

图2-87 检查活塞环在槽内的侧间隙

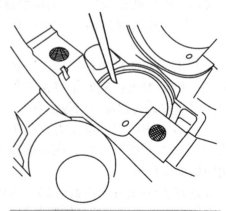

图2-88 测量活塞环开口间隙

（2）用外径千分尺测量活塞直径（图2-89），用量缸表测量汽缸内径，确认活塞与汽缸之间的间隙在0.025～0.045mm范围内，否则就应将所有缸孔再镗至下一个加大尺寸，当安装发动机时，使用加大活塞。装配加大活塞时，活塞与缸孔的配缸间隙要在0.025～0.045mm范围内。

（3）检查每个缸孔表面有无烧蚀和拉伤等。轻度的伤痕能用细粒的砂纸研磨掉。

（4）如图2-90所示，使用软金属摩擦工具，擦掉活塞顶部和环槽的积炭。

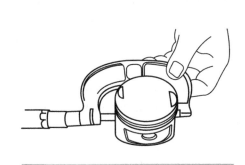
图2-89　测量活塞直径

图2-90　擦掉活塞顶部和环槽的积炭

（5）如图2-91所示，在连杆以装配状态与连杆轴颈连接时，测量每个连杆大头的止推间隙。测量的间隙如果超过0.30mm，就要更换造成超过限度的连杆或曲轴。

（6）把连杆放在平板上，检查有无弯曲和扭曲。如果弯曲超过0.05mm或扭曲超过0.10mm时，就要更换连杆。

（7）检查每个连杆的小头，看其有无磨损和破裂或其他损坏的迹象，要特别注意衬套的状态。

（8）如图2-92所示，测量连杆小头孔与活塞销的间隙，超过0.05mm时，要更换连杆。

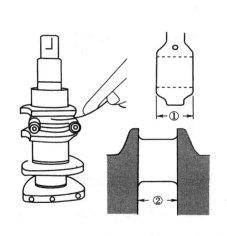
图2-91　测量每个连杆大头的止推间隙

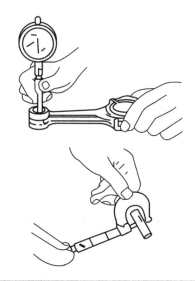
图2-92　测量连杆小头孔与活塞销的间隙

（9）检查连杆轴瓦表面有无熔化、局部腐蚀，烧坏或剥落的痕迹，并观察与连杆轴颈接触的形式。发现有问题的轴瓦必须更换。

（10）测量连杆轴颈与连杆轴瓦的间隙。测量方法选用以下任意一种：

①使用塑料间隙规测量：切下长度大约和轴瓦宽度相同的塑料间隙规，避开油孔，按轴向位置放在连杆轴颈上；装上轴瓦以及连杆体和连杆轴承盖，按规定力矩拧紧连杆螺母；拆下连杆轴承盖，测量被压扁的塑料间隙规最宽的部位的厚度。

②使用细熔丝测量：测量方法同塑料间隙规。

③直接测量：拿开曲轴，将带有轴瓦和螺栓的连杆轴承盖与连杆装在一起，测量此时轴瓦的内径和曲轴相应轴颈的直径，两测量值的差值即为连杆轴颈与连杆轴瓦的间隙。

（11）当连杆轴颈与连杆轴瓦间隙大于0.080mm时，应将连杆轴颈研磨小，并配以加厚的连杆轴瓦。

具体研磨尺寸要求如下：将加厚的连杆轴瓦安装在连杆大头，然后测量此时连杆大头的孔径。将测得的孔径尺寸减去0.03mm，所得尺寸就是轴颈需要研磨到的最终直径。

3 活塞连杆组件的安装

（1）如图2-93所示，分别将气环和组合油环安装到活塞的对应位置。

注意：

①活塞环标记朝上；如果无标记，则任意面朝上都可以。

②安装活塞环时，不能让各环的端隙排在一条直线上。

③活塞环安装后，必须在环槽加润滑油。

④使用新活塞环时，一定要检查端隙。

（2）如图2-94所示，将对应汽缸的连杆和活塞装在一起。注意：安装时，应注意活塞和连杆的相对位置：活塞顶部的箭头①指着前端，连杆的油孔②对着进气侧。

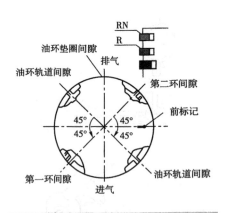

图2-93 活塞连杆组件的安装（1）

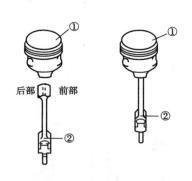

图2-94 活塞连杆组件的安装（2）

（3）如图2-95所示，在活塞销和连杆小头孔涂润滑油，然后装入活塞销，并装上活塞销两端的活塞销卡环。注意：更换连杆时应更换相同级别连杆，如级别为A级则其余均为A级，级别代码共有9个（A～I），更换时不得混淆。

（4）装入对应的连杆轴瓦，用机油润滑面对应曲轴一面的连杆轴瓦。注意：当换用新的连杆或研磨连杆轴颈后,必须测量连杆大头尺寸和曲轴连杆轴颈的尺寸,根据轴承技术规格表,重新选配连杆轴瓦。

(5)如图2-96所示,用活塞环安装器将连杆活塞组件安装到对应的汽缸内,活塞顶部的箭头应朝向发动机的前端。

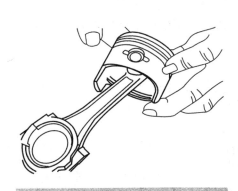

图2-95 活塞连杆组件的安装(3)

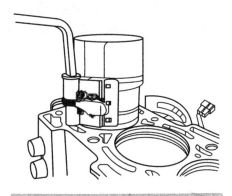

图2-96 活塞连杆组件的安装(4)

注意:

①安装连杆活塞组件时,两个连杆螺栓的端部均应套上橡胶管,以防止螺栓划伤汽缸孔。

②连杆活塞组件安装前,必须用机油对活塞、活塞环和汽缸孔表面进行润滑。

③安装活塞时,注意活塞端部对应的进排气位置,以免碰伤气门或活塞。

(6)将对应的另一片连杆轴瓦装到对应的连杆轴承盖上,用机油润滑面对应曲轴一面的连杆轴瓦。

(7)如图2-97所示,将连杆轴承盖安装到对应连杆体上。注意:安装连杆轴承盖时,连杆轴承盖的止口槽要对着连杆体的止口槽。

(8)装上连杆螺母,并均匀地将它们拧紧,每个连杆轴承盖左边和右边的拧紧力要相等,最后紧固连杆螺母至31~35N·m。注意:安装好曲轴和活塞后,应该详细地确认活塞顶部的箭头(图2-98)指向V带轮方向(前端),且曲轴的回转力矩应为4~5N·m。

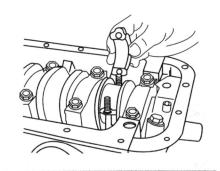

图2-97 活塞连杆组件的安装(5)

图2-98 活塞连杆组件的安装(6)

(9)安装机油集滤器总成和油底壳。

①安装油底壳密封垫前,先用小刀清除机油泵和曲轴后端盖与曲轴箱及油底壳总成结

合处残留的密封胶。

②将O形密封圈和机油集滤器总成安装到机油泵总成上，紧固机油集滤器总成的紧固螺栓至8~12N·m。

③如图2-99所示，将油底壳放油螺栓安装到油底壳上，紧固放油螺栓至35~45N·m。

④如图2-100所示，将油底壳总成装到曲轴箱上，在油底壳法兰面上涂密封胶（Loctite5900），胶料应避开螺孔（直径3.0~3.5mm），并按规定的顺序紧固油底壳总成的紧固螺栓至8~12N·m。

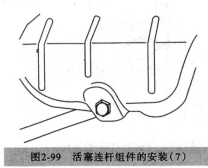

图2-99 活塞连杆组件的安装（7）

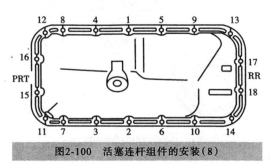

图2-100 活塞连杆组件的安装（8）

⑤重新加注机油，直到机油的油位保持在机油尺上的"max"刻度线与"min"刻度线标记之间。

（10）安装汽缸垫和汽缸盖总成。

工 作 页

第一部分 理 论 知 识

1.曲柄连杆机构是往复活塞式内燃机将热能转变为机械能的主要机构，其功用是：
_____。

2.将图中发动机的机体组的部件名称填入表格中。

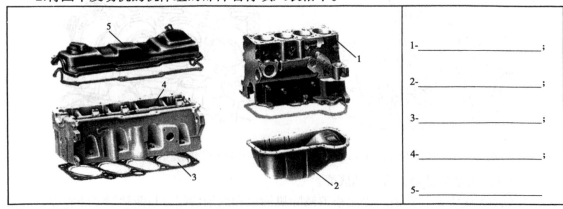

1-_____；

2-_____；

3-_____；

4-_____；

5-_____。

3. 根据汽缸排列形式不同，汽缸体分_____、_____、_____等形式。

4. 根据是否与冷却水相接触，汽缸套分为_____汽缸套和_____汽缸套。

5. 汽缸盖的作用是_____。

6. 将图中活塞连杆组的部件名称填入表格中。

1-_____；
2-_____；
3-_____；
4-_____；
5-_____；
6-_____；
7-_____；
8-_____；
9-_____；
10-_____；
11-_____；

7. 活塞是由活塞_____、_____和_____三部分组成。

8. 活塞环包括气环和油环两种，气环又称为压缩环，一般发动机上每个活塞装有2～3道气环。其作用是_____。

油环的作用是_____。

9. 活塞销的作用是_____。活塞销与活塞销座孔和连杆小头衬套孔的连接配合方式有两种，即_____和_____。

10. 连杆的结构如图2-19所示，由_____、_____和_____三部分组成。将图中部件名称填入表格中。

1-_____；
2-_____；
3-_____；
4-_____；
5-_____；
6-_____；
7-_____；
8-_____；

11. 将图中曲轴飞轮组的部件名称填入表格中。

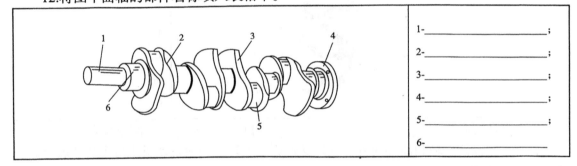

12.将图中曲轴的部件名称填入表格中。

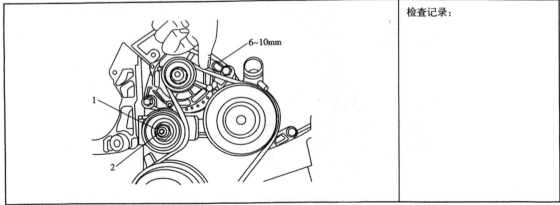

第二部分　实　践　操　作

1.水泵V带的检查。

（1）检查V带的张紧力。手拇指用大约98N的力压下V带，新V带变形量为6～10mm表示V带张力正常，旧V带变形量为10～15mm表示V带为张力正常。如果V带太紧或太松，可通过调节张紧器将V带调整到正常张力，调整好以后将螺栓拧紧。

（2）检查V带是否有裂纹、割伤、变形、磨损和脏污，如不能继续使用，应更换。

2.简述水泵V带的更换方法。

3.简述汽缸盖衬垫的更换方法。

4.检查活塞环间隙。

（1）使用厚薄规测量每个活塞环在槽内的侧间隙。如果超过规定限度时，测量槽宽和环厚，决定更换活塞或活塞环，或两者是否都换。

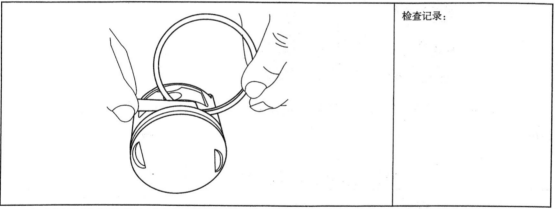

检查记录：

（2）测量活塞环开口间隙。测量时，把活塞环放入缸孔中，把它推入缸孔的底部，如果测量的间隙超过限度时，必须更换活塞环。

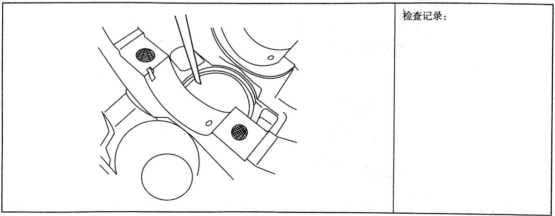

检查记录：

5.用外径千分尺测量活塞直径，用量缸表测量汽缸内径，确认活塞与汽缸之间的间隙在0.025～0.045mm范围内，否则就应将所有缸孔再镗至下一个加大尺寸，当安装发动机时，使用加大活塞。装配加大活塞时，活塞与缸孔的配缸间隙要在0.025～0.045mm范围内。

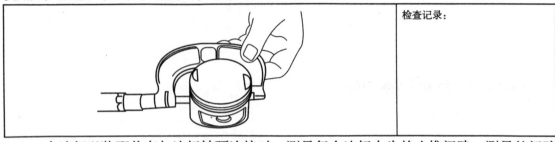

检查记录：

6.在连杆以装配状态与连杆轴颈连接时，测量每个连杆大头的止推间隙。测量的间隙如果超过0.30mm，就要更换造成超过限度的连杆或曲轴。

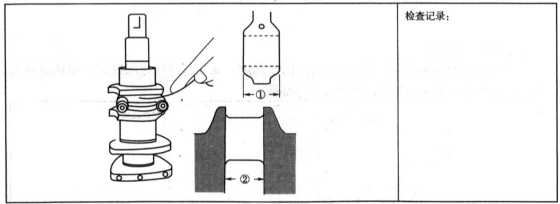

检查记录：

7.把连杆放在平板上，检查有无弯曲和扭曲。如果弯曲超过0.05mm或扭曲超过0.10mm时，就要更换连杆。

检查记录：_____。

8.测量连杆小头孔与活塞销的间隙，超过0.05mm时，要更换连杆。

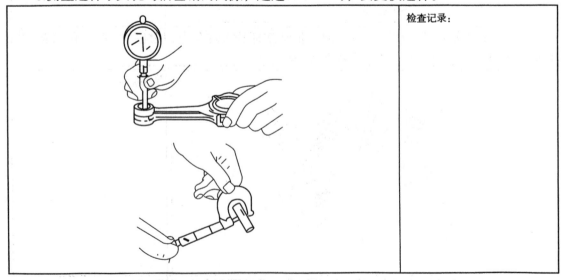

检查记录：

9.检查连杆轴承表面有无熔化、局部腐蚀，烧坏或剥落的痕迹，并观察与连杆轴颈接触的形式。发现有问题的轴承必须更换。

检查记录：_____。

10.简述活塞连杆组件的更换方法。

第三部分　评价与反馈

考核项目	评分标准	分　数	学生自评	小组互评	教师评价	小　计
团队合作	是否和谐	5				
活动参与	是否积极主动	5				
安全生产	有无安全隐患	10				
现场5S	是否做到	10				
任务方案	是否合理	15				
操作过程	水泵V带的检查与更换；汽缸盖衬垫的更换；活塞连杆组件的检查与更换	30				
任务完成情况	是否圆满完成	5				
工具和设备使用	是否规范、标准	10				
劳动纪律	是否能严格遵守	5				
工单填写	是否完整、规范	5				
总　分		100				
教师签名：				年　月　日	得　分	

项目三　配气机构的构造与维修

项目三 配气机构的构造与维修

任务一　配气机构的认知

一、配气机构的功用和组成

配气机构的功用是按照发动机每一汽缸内所进行的工作循环或点火次序的要求，定时开启和关闭各汽缸的进、排气门，使新鲜可燃混合气（汽油机）或空气（柴油机）得以及时进入汽缸，废气得以及时从汽缸中排出。进入汽缸内的可燃混合气或空气对发动机性能的影响很大。进气量越多，发动机的转矩越大、功率越高。

配气机构如图3-1所示。配气机构由气门组和气门传动组组成。气门组包括气门、气门座、气门导管和气门弹簧等部件。气门传动组主要包括凸轮轴、凸轮轴正时带轮、正时齿带、张紧轮、液压挺柱等部件。

发动机工作时，曲轴通过曲轴正时带轮、正时齿带、凸轮轴正时带轮驱动凸轮轴旋转，当凸轮轴转到凸轮的凸起部分顶到液压挺柱时，液压挺柱压缩气门弹簧，使气门离座，即

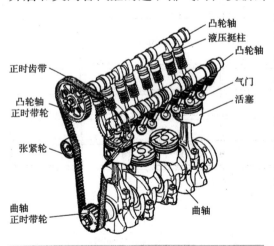

图3-1　配气机构

气门开启。当凸轮凸起部分离开液压挺柱时，气门便在气门弹簧力的作用下上升而落座，

气门关闭。

由于四冲程发动机每完成一个工作循环，曲轴旋转2周，而各缸进、排气门各开启1次，完成一次进气和排气，此时凸轮轴只旋转1周。因此，曲轴与凸轮轴的转速比为2∶1，即凸轮轴正时带轮的齿数是曲轴正时带轮齿数的2倍。

二 配气机构主要部件的构造

1 气门组

气门及其相关零件称之为气门组，气门组的作用是实现汽缸的密封。配置一根气门弹簧的标准型气门组如图3-2所示。

1）气门

（1）气门结构。气门的功用是与气门座相配合，对汽缸进行密封。气门由头部和杆部两部分组成（图3-3），头部用来封闭汽缸的进、排气道，杆部用来为气门的运动起导向作用。

①气门头部。气门头部的形状有平顶、喇叭形顶和球面顶，如图3-4所示。使用最多的是平顶气门头部，进、排气门均可采用此种形式。喇叭形顶头部多用于进气门，球面顶气门头部适用于排气门。

气门头部与气门座圈接触的工作面是与杆部同心的锥面，通常将这一锥面与气门顶部平面的夹角称为气门锥角，如图3-5所示，一般制作成30°或45°。

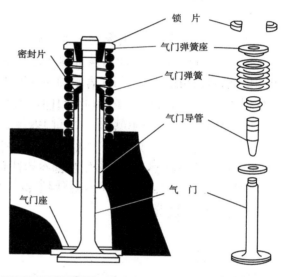

图3-2 气门组

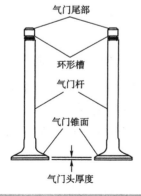

图3-3 气门结构

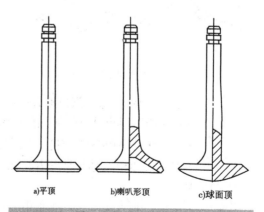

图3-4 气门头部的形状

考虑到进气阻力比排气阻力对发动机性能的影响大得多,为尽量减小进气阻力,一般进气门的尺寸略大于排气门,这是因为进气是利用活塞下移产生的真空来实现的,进气门大些,可提高进气效率;排气是通过活塞上升将废气排出的,排气门即使是小一些也不会造成太大的影响。

②气门杆。气门杆是圆柱形,在气门导管中不断上下往复运动。气门杆尾部结构取决于气门弹簧座的固定方式,常见的结构形式如图3-6所示。

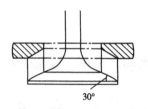
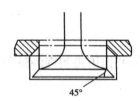

图3-5 气门锥角　　　　　　　　　图3-6 气门弹簧座的固定方式

（2）气门数。在短时间内是否能够将尽量多的气体吸入和排出,在很大程度上影响着发动机的整体性能。从气门在有限的燃烧室表面积中所占的面积来看,与具有两个气门的汽缸相比,进、排气门越多,则气门面积之和就越大,进、排气效率越高,而且可以使单个气门的体积减小、质量减轻。但气门数越多,其结构越复杂,成本越高。

①2气门式(图3-7)。每个汽缸采用一个进气门和一个排气门,一般进气门比排气门大些。桑塔纳2000GSi轿车AJR发动机即采用此种形式。

②3气门式(图3-8)。每个汽缸有2个进气门和1个排气门,排气门大对排出高温气体有利,能提高发动机排气性能。

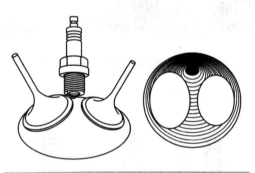
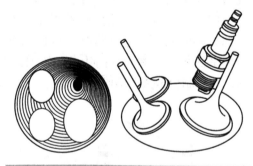

图3-7 2气门式的结构形式　　　　　　图3-8 3气门式的结构形式

③4气门式(图3-9)。每个汽缸有2个进气门和2个排气门,两套凸轮轴装置分别控制一组进、排气门的开闭。卡罗拉(1.6L)轿车发动机即采用4气门结构形式。

④5气门式。每个汽缸有3个进气门和2个排气门,并以梅花形状分布,如图3-10所示。捷达王轿车EA113型发动机即采用5气门结构形式。

2)气门座

汽缸盖上的进、排气道与气门锥面相结合的部位称为气门座(图3-11),气门座的锥角和气门锥角相同,一般也是30°或45°。气门座不仅有密封作用,还起到了冷却气门的作用。

3）气门导管

气门导管（图3-12）的功用是为气门的运动导向，保证气门做直线往复运动，使气门与气门座能正确贴合。气门杆与气门导管之间一般留有0.05～0.12mm的间隙，使气门杆能在导管中自由运动。

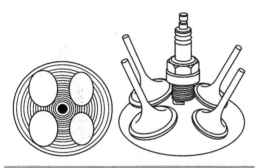

图3-9　4气门式的结构形式

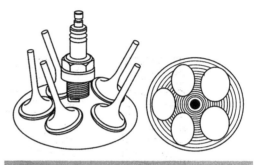

图3-10　5气门式的结构形式

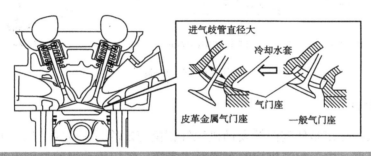

图3-11　气门座

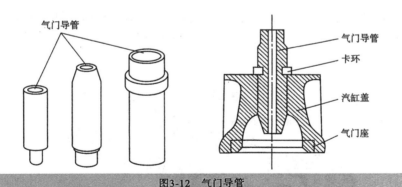

图3-12　气门导管

4）气门弹簧

气门弹簧的功用保证气门及时落座并与气门座或气门座圈紧密贴合，同时也可防止气门在发动机振动时因跳动而破坏密封。

气门弹簧多为圆柱形螺旋弹簧，如图3-13a）所示。安装时，气门弹簧的一端支撑在汽缸盖上，而另一端则压靠在气门杆尾端的弹簧座上，弹簧座用锁片固定在气门杆的末端；为了防止弹簧发生共振，可采用变螺距的圆柱形弹簧，如图3-13b）所示；大多数高速发动机采用一个气门装有同心安装的内外两根气门弹簧,如图3-13c)所示,这样不但可以防止共振,而且当一根弹簧折断时,另一根仍可维持工作。此外,装用两根气门弹簧还能减小气门弹簧的高度。当装用两根气门弹簧时,气门弹簧的螺旋方向和螺距应各不相同,这样可以防止折断的弹簧圈卡入另一个弹簧圈内。

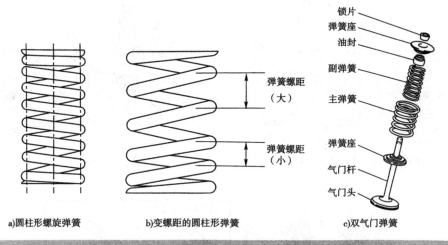

图3-13 气门弹簧

2 气门传动组

气门传动组的作用是使气门按发动机配气相位规定的时刻及时开闭,并保证规定的开启时间和开启高度。由于配气机构的布置形式多样,气门传动组的差别也很大。

1)凸轮轴

(1)凸轮轴结构。凸轮轴主要由各缸进、排气凸轮和凸轮轴轴颈等组成,如图3-14所示。进、排气凸轮用于使气门按一定的工作次序和配气相位及时开闭,并保证气门有足够的升程。

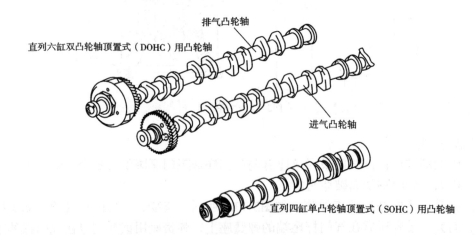

图3-14 凸轮轴的结构

（2）凸轮轴驱动方式。凸轮轴的旋转是依靠曲轴带动的，一般采用链条驱动式或正时齿带驱动式，特殊的赛车用发动机使用的是正时齿轮驱动式。

①链条驱动式（图3-15）。凸轮轴位于汽缸盖上，由曲轴带动的曲轴链轮通过正时链条驱动凸轮轴上的链轮旋转，从而带动凸轮轴旋转。链条导槽和链条张紧装置将张力传递至链条，以调节链条的张紧度。卡罗拉（1.6L）轿车发动机、五菱荣光汽车发动机即采用链条驱动形式。

②正时齿带驱动式（图3-16）。由于正时齿带是由强度大、不易变形的纤维和橡胶制成，具有质量轻、无噪声，不需要润滑等优点，所以被广泛使用。桑塔纳2000GSi轿车AJR发动机即采用此种形式。

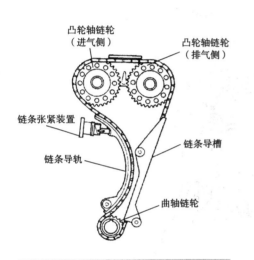

图3-15　链条驱动式　　　　　图3-16　正时齿带驱动式

③齿轮驱动式（图3-17）。齿轮驱动式是在曲轴和凸轮轴之间用齿轮将曲轴的旋转传递到凸轮轴的驱动形式，具有传动准确性更优、高速时可靠性高等优点，但制造精度高、成本高，现在仅限于赛车使用的发动机。

④辅助齿轮驱动式（图3-18）。汽缸盖上一侧的凸轮轴由曲轴通过一根链条或一根正时齿带来驱动，另一侧的凸轮轴由安装在凸轮轴上的齿轮来驱动，这种方式称为辅助齿轮驱动式。

（3）凸轮轴安装位置与配气机构类型。根据凸轮轴安装位置的不同，可将配气机构分成以下4种类型。

①下置凸轮轴配气机构（图3-19）。下置凸轮轴配气机构是指进、排气门安装在汽缸盖上，而凸轮轴安装在汽缸体下部的配气机构。

发动机工作时，曲轴通过正时齿轮驱动凸轮轴正时齿轮和凸轮轴旋转。当凸轮工作段顶起挺柱时，经推杆和气门间隙调整螺钉推动摇臂绕摇臂轴摆动，压缩气门弹簧使气门开

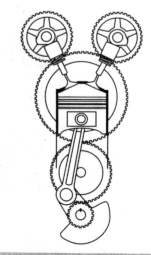

图3-17　齿轮驱动式

启。当凸轮工作段离开挺柱时，气门在气门弹簧力的作用下逐渐关闭。

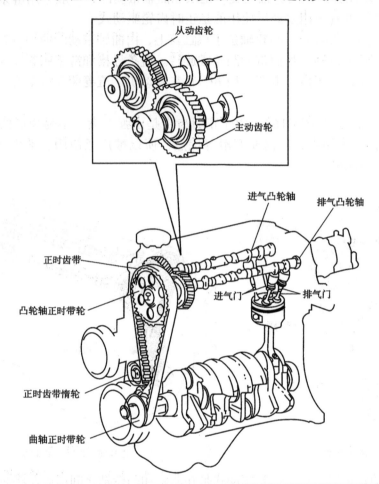

图3-18 辅助齿轮驱动式

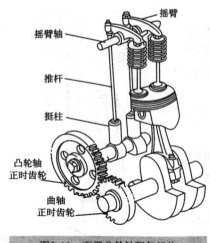

图3-19 下置凸轮轴配气机构

凸轮轴下置式配气机构特点是凸轮轴与曲轴位置靠近，可以简单地用一对齿轮传动，但需要较长的推杆、摇臂和摇臂轴等零部件，整个机构的刚度差。多用于转速较低的发动机，如货车用的柴油机等。

②中置凸轮轴配气机构（图3-20）。中置凸轮轴配气机构是指进、排气门安装在汽缸盖上，而凸轮轴安装在汽缸体中上部的配气机构。中置凸轮轴配气机构的凸轮轴一般采用链条传动或正时齿带传动，采用短推杆或省去推杆，但需要摇臂和摇臂轴。

③单顶置凸轮轴式配气机构（SOHC）。单顶置凸轮轴式配气机构（Single Over Head Camshaft，SOHC）是通过一根凸轮轴驱使进、排气门动作，其特征为气门和凸

轮轴都设置在汽缸盖上。凸轮轴由正时链条或正时齿带驱动，不需要推杆，摇臂和摇臂轴可有可无。

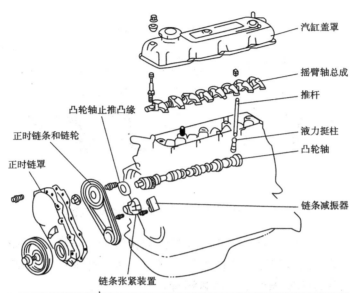

图3-20 中置凸轮轴配气机构

a.单顶置凸轮轴、无摇臂和摇臂轴配气机构，如图3-21所示。凸轮轴通过液压挺柱直接驱动气门开启，无摇臂轴和摇臂，气门排成一列。桑塔纳2000GSi轿车AJR发动机配气机构即为此种形式。

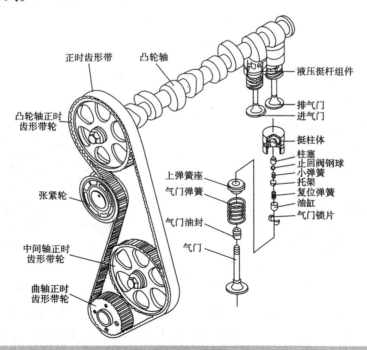

图3-21 单顶置凸轮轴、无摇臂和摇臂轴配气机构

b.单顶置凸轮轴、单摇臂和摇臂轴配气机构,如图3-22所示。凸轮轴通过摇臂直接驱动气门开启,气门排成两列。

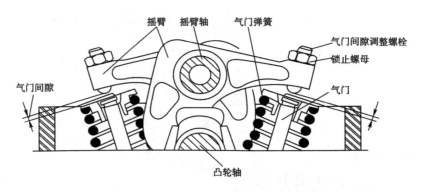

图3-22　单顶置凸轮轴、单摇臂和摇臂轴配气机构

通常,在发动机冷态装配时,在气门与其传动机构中,留有适当的间隙,以补偿气门受热后的膨胀量,这一预留间隙通常称为气门间隙。为了能够检查与调整气门间隙,一般在摇臂(或挺柱)上装有调整螺栓及其锁紧螺母。

c.单顶置凸轮轴、双摇臂和摇臂轴配气机构,如图3-23所示。凸轮轴分别通过进气摇臂和排气摇臂驱动进气门和排气门开启,由于进、排气门排成两列,所以驱动进、排气门的进气摇臂和排气摇臂分别安装在各自的摇臂轴上。

d.单顶置凸轮轴、有摇臂、无摇臂轴配气机构,如图3-24所示。凸轮轴位于摇臂上方,采用浮动式摇臂(只有摇臂而无摇臂轴),在摇臂上设有滚动轴承;摇臂与液压挺柱采用球面接触,并作为摇臂摆转的支点,气门排成一列。液压挺柱可以自动调整气门间隙(使气门间隙为0),减少了噪声,但结构复杂。

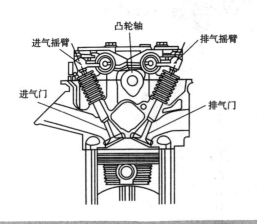

图3-23　单顶置凸轮轴、双摇臂和摇臂轴配气机构

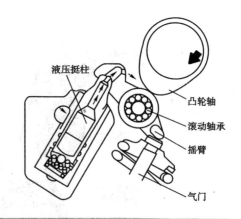

图3-24　单顶置凸轮轴、有摇臂、无摇臂轴配气机构

④双顶置凸轮轴式配气机构(DOHC),如图3-25所示。双顶置凸轮轴式(Double Over Head Camshaft,DOHC)进、排气门分别由各自的凸轮轴控制(气门排成两列),凸轮轴直接驱动气门,也可通过摇臂间接驱动气门。具有摇臂长度短、质量轻以及驱动气

门的相关部件易于适应高转速等优点。另外，由于进、排气凸轮轴是彼此相互独立的，所以增大了气门配置的自由度，火花塞可以设置在两根凸轮轴之间，即燃烧室的正中央。卡罗拉（1.6L）轿车发动机的配气机构即为此种形式。

（4）凸轮轴正时定位。如采用一对正时齿轮传动，小齿轮和大齿轮分别用键安装在曲轴和凸轮轴的前端，其传动比为2:1。在装配曲轴和凸轮轴时，必须将齿轮正时标记对准，如图3-26所示，以保证正确的配气相位和点火时刻。

凸轮轴上置式发动机的正时记号通常有两处，一处为曲轴正时记号，一处为凸轮轴正时记号。安装时，两处都必须对正，如图3-27、图3-28所示。

a) DOHC式发动机进、排气门　　b) DOHC的传动机构

图3-25　双凸轮轴顶置式配气机构（DOHC）

2）挺柱

挺柱的作用是将凸轮的推力传递给推杆或气门杆，并承受凸轮轴旋转时所施加的侧向力。挺柱可分为普通挺柱和液压挺柱两种。

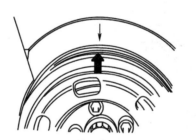

图3-26　汽油机正时齿轮机构　　图3-27　曲轴正时带轮上的正时标记对齐　　图3-28　凸轮轴位置正时标记

（1）普通挺柱。配气机构采用的普通挺柱有筒式和滚轮式两种结构形式，如图3-29所示。筒式挺柱中间为空心，在挺柱圆周钻有通孔，便于筒内收集的机油流出，对挺柱底面及凸轮加以润滑；滚轮式挺柱可以减少磨损，但结构较复杂、质量较大，多用于大缸径柴油机的配气机构上。

（2）液压挺柱。轿车发动机普遍采用液压挺柱，液压挺柱的长度能自动调整，故不需要预留气门间隙，也没有气门间隙调整装置，如图3-30所示。液压挺柱由挺柱体、油缸、柱塞、单向球阀、单向球阀弹簧和柱塞弹簧等部件组成。

液压挺柱的工作原理如图3-31所示。当凸轮轴转动，凸轮的凸起部分与挺柱顶面接触时，挺柱在凸轮推动力作用下向下移动，高压腔内的机油被压缩，单向球阀在压力差和单向球阀弹簧的作用下关闭，高低压油腔被分隔开。由于液体的不可压缩性，整个挺柱如同一个刚体一样下移，推开气门并保证气门升程。

当挺柱开始上行返回时，在弹簧向上顶压和凸轮下压的作用下，高压油腔继续封闭，液压挺柱仍可认为是一个刚体，直至上行到凸轮处于基圆，即气门关闭时为止。此时，汽缸盖主油道中的机油经量孔、斜油孔和挺柱体上的环形油槽再次进入挺柱的低压油腔，由于挺柱不再受凸轮推动力和气门弹簧力的作用，高压油腔中的机油与回位弹簧推动柱塞上行，高压油腔的油压下降，单向球阀打开，低压油腔中的机油流入高压油腔，使两腔连通充满机油。这时，液压挺柱的顶面仍然和凸轮表面紧贴，从而起到了补偿气门间隙的作用。

当气门受热膨胀时，柱塞和油缸做轴向相对运动，高压油腔中机油可经过油缸与柱塞间缝隙被挤入低压油腔。因此使用液压挺柱时，可以不预留气门间隙。

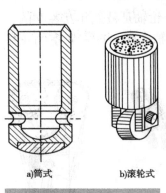

图3-29 普通挺柱

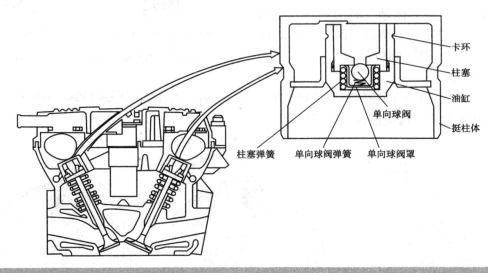

图3-30 液压挺柱结构

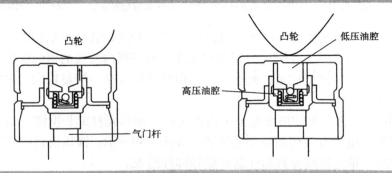

图3-31 液压挺柱的工作原理

3）推杆

在凸轮轴下置式或中置式的配气机构中，凸轮轴经挺柱传来的运动和作用力要通过推杆传递给摇臂。推杆可采用实心的，也可以采用空心的。推杆的结构形式如图3-32所示。

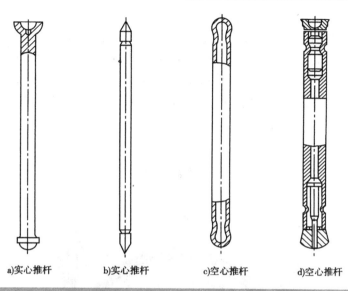

图3-32 推杆

4）摇臂

摇臂的功用是将凸轮轴（或推杆）传来的力作用到气门杆尾部，推开气门。摇臂实际上是利用杠杆原理工作的，SOHC和DOHC的不同之处在于摇臂轴位置不同，如图3-33所示。

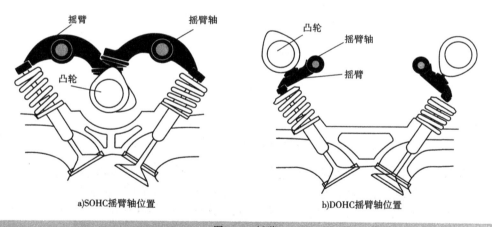

图3-33 摇臂

三 配气相位及可变的配气相位

1 配气相位

用曲轴转角表示的进、排气门实际开闭时刻和开启持续时间，称为配气相位。通常用相对于上下止点曲拐位置的曲轴转角的环形图来表示，这种图形称为配气相位图，如图

3-34所示。

理论上,当曲拐处在上止点时,进气门开启;下止点时,进气门关闭。当曲拐在下止点时,排气门开启;上止点时,排气门关闭。进气时间和排气时间各占180°曲轴转角。但实际上发动机转速很高,活塞每一行程历时相当短,短的时间势必会造成进气不足和排气不净,从而使发动机功率下降。因此,现代发动机都采取延长进排气时间的方法。

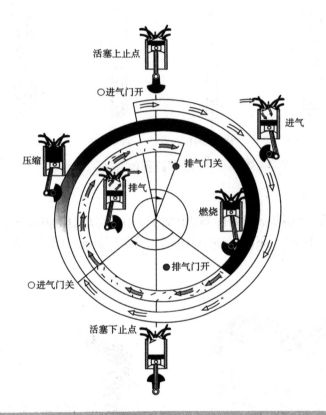

图3-34 配气相位图

(1)进气门早开和晚关。在排气行程接近终了,活塞到达上止点之前,进气门便开始开启,直到活塞越过了下止点以后,进气门才关闭。进气门提前开启的目的是:为了保证进气行程开始时进气门已开大,减小进气阻力,新鲜气体能顺利地充入汽缸。进气门迟后关闭目的是:由于活塞到达下止点时,汽缸内压力仍低于大气压力,且气流还有相当大的惯性,可以利用气流惯性和压力差继续进气。

(2)排气门早开和晚关。在作功行程接近终了,活塞到达下止点之前,排气门便开始开启。直到活塞越过上止点后,排气门才关闭。排气门提前开启的目的是:当作功行程活塞接近下止点时,汽缸内的气体压力对作功的作用已经不大,但仍比大气压力高,可利用此压力使汽缸内的废气迅速地自由排出。排气门迟后关闭的目的是:由于活塞到达上止点时,汽缸内的残余废气压力高于大气压力,加之排气时气流有一定的惯性,因此仍可以利用气流惯性和压力差把废气排放得更干净。

(3)气门叠开。由于进气门在上止点前即开启,而排气门在上止点后才关闭,这就出现了在一段时间内,进、排气门同时开启的现象,这种现象称为气门叠开。由于新鲜气流和废气流的流动惯性都比较大,在短时间内是不会改变流向的,因此只要气门叠开角选择适当,就不会有废气倒流入进气管和新鲜气体随同废气排出的可能性。

2 可变配气相位

现代发动机有些具有可变的配气相位,进气门的开启和关闭时间可被调节。发动机转速高时,增大进气门的升程,提前开启和延迟关闭进气门,提高发动机的功率;发动机转速低时,减少进气门的升程,延迟开启和提前关闭进气门,提高发动机的转矩,以满足发动机对经济性、稳定性和减少排放污染物的要求。

奥迪A6、上海帕萨特B5轿车装备的ANQ5发动机可变气门正时机构的结构如图3-35所示。它有3个进气门,排列位置错开,打开的时间也不同(中间的气门先打开),使发动机吸入的新鲜空气产生旋涡,加速和优化混合气的雾化,提高发动机的功率和转矩。

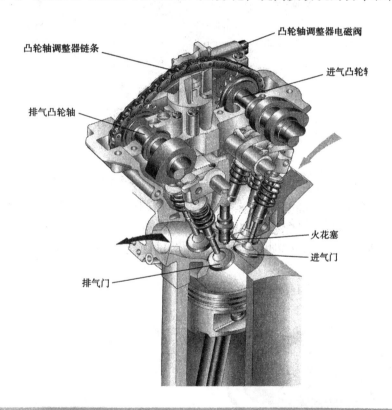

图3-35　ANQ5发动机配气机构

曲轴通过齿带首先驱动排气凸轮轴旋转,排气凸轮轴通过链条驱动进气凸轮轴旋转,两轴之间设置有一个凸轮轴调整器,在内部液压缸的作用下,调整器可以上升和下降,以调整发动机进气凸轮轴的位置。液压缸的油路与汽缸盖上的油路连通,工作压力由凸轮轴调整阀控制,而凸轮轴调整阀由ECU进行控制。排气凸轮轴位置是不可调的。可变气门调整器结构如图3-36所示。

可变气门调整器工作原理如图3-37所示。图3-37a)为功率位置（不进行调整时的位置），即高速状态。为了充分利用进气流的惯性，进气迟关角增大（轿车发动机一般在此位置），链条的上部较长，而下部较短。排气凸轮轴首先要拉紧下部链条成为紧边，进气凸轮轴才能被排气凸轮轴带动。就在下部链条由松变紧的过程中，排气凸轮轴已转过了一个角度，进气凸轮才开始动作，进气门关闭得较迟，从而使发动机在高速时产生高功率。

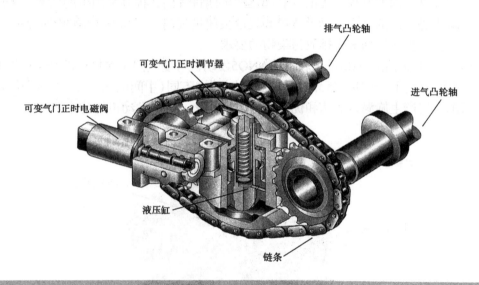

图3-36 ANQ5发动机可变气门调整器结构

图3-37b)为转矩位置，即低速状态。通过凸轮轴调整器向下的运动来缩短上部链条而加长下部链条。由于排气凸轮轴受到正时齿带制约不能转动，从而使进气凸轮轴偏转一个角度，较早关闭进气门，使发动机在中速和低速范围内能产生高转矩。

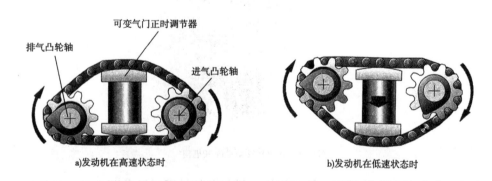

图3-37 可变气门调整器工作原理示意图

卡罗拉轿车发动机采用双重智能可变气门正时机构（双VVT-i），即智能进排气可变气门正时系统，不仅能够调节进气门的开闭时间，还能调节排气门的开闭时间。

本田车系的某些发动机采用可变气门配气相位和气门升程电子控制系统(VTEC),可同时控制气门开闭时间和凸轮的升程。

任务二　正时齿带的更换

一、实训准备

1. 实训器材

(1)桑塔纳2000GSi轿车(图3-38)。

图3-38　桑塔纳2000GSi轿车

(2)其他工具及器材：举升机(见图2-29)、组合工具(见图2-39)、扭力扳手(见图2-76)、螺丝刀、钳子、专用工具Matra V159、转向盘护套、变速杆手柄套、座位套、脚垫、翼子板和前格栅磁力护裙等。

2. 准备工作

(1)汽车进入工位前，将工位清理干净，准备好相关的器材。

(2)将汽车停驻在举升机中央位置(图3-39)。

(3)拉紧驻车制动器操纵杆(图3-40)，并将变速杆置于空挡位置。

(4)套上转向盘护套(图3-41)、变速杆手柄套和座位套，铺设脚垫。

(5)在车内拉动发动机舱盖手柄。在车

图3-39　停放汽车

外打开并支撑发动机舱盖(图3-42)。

(6)粘贴翼子板和前格栅磁力护裙(图3-43)。

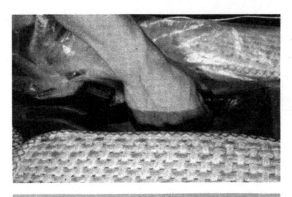

图3-40 拉紧驻车制动器操纵杆

图3-41 套上转向盘护套

图3-42 支撑发动机舱盖

图3-43 粘贴翼子板和前格栅磁力护裙

二、正时齿带的检查和更换

拆装AJR型发动机正时齿带相关部件分解图，如图3-44所示。

1. 正时齿带的拆卸

(1)拆卸下发动机，将发动机安装在维修工作台上。

(2)拆卸空气压缩机V带。

(3)将曲轴转到第1缸的上止点位置，如图3-45箭头所示。

(4)拆卸正时齿带上防护罩。

(5)将凸轮轴正时齿带轮上的标记(图3-46中箭头所示)对准正时齿带防护罩上的标记。

(6)拆卸曲轴V带轮(图3-47)。

(7)拆卸正时齿带及下防护罩。

(8)用粉笔等在正时齿带上做好记号,检查正时齿带的磨损情况,不得有扭曲现象。
(9)松开半自动张紧轮并拆下正时齿带(图3-48)。

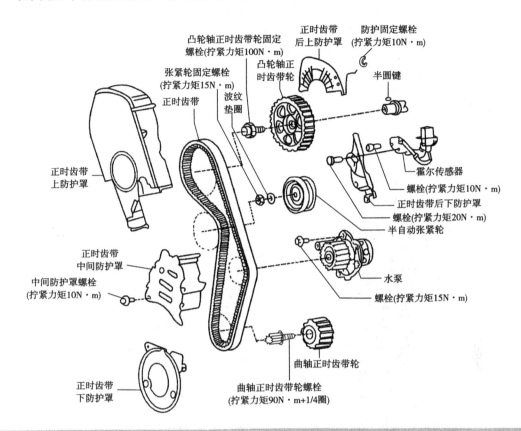

图3-44 正时齿带及附件的分解图

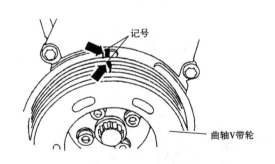

图3-45 第1缸上止点记号

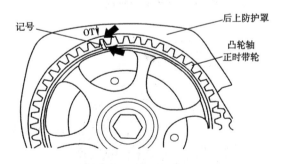

图3-46 凸轮轴正时齿带轮与正时齿带防护罩上的标记

2 正时齿带的安装(调整配气相位)

凡是进行过与正时齿带相关的修理工作后,都要按下述步骤对正时齿带进行调整:
(1)转动凸轮轴,使曲轴不在上止点的位置,以免损坏气门及活塞。

(2)将凸轮轴正时齿带轮上的标记(见图3-46)对准正时齿带防护罩上的标记。

(3)检查曲轴正时齿带轮上止点记号与参考标记是否对准(见图3-45)。

(4)将正时齿带安装到曲轴正时齿带轮和水泵上(见图3-48),注意安装位置。

(5)将正时齿带安装到张紧轮和凸轮轴正时齿带轮上。注意:半自动张紧轮的定位块(见图3-49箭头所示)必须嵌入汽缸盖上的缺口内。

(6)将半自动张紧轮逆时针转动,直到可以使用专用工具Matra V159为止,如图3-50中箭头所示。松开张紧轮,直到指针位于缺口下方约10mm处。旋紧张紧轮,直到指针和缺口重叠,将张紧轮上锁紧螺母以15N·m的力矩拧紧。

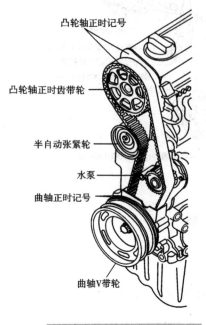

图3-47 拆卸曲轴V带轮

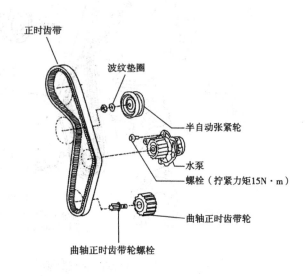

图3-48 拆下正时齿带

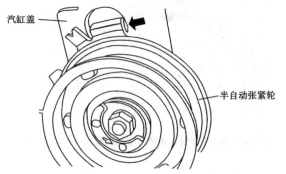

图3-49 半自动张紧轮的位置

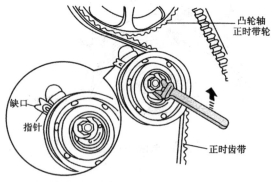

图3-50 用专用工具安装半自动张紧轮

(7)用手转动曲轴,检查并调整。

(8)安装正时齿带下防护罩、曲轴V带轮、正时齿带上部和中间防护罩。

3 半自动张紧轮的检查

当发动机前端位于维修工作台上,正时齿带已安装并张紧时,拆下正时齿带上防护罩,用拇指用力弯曲正时齿带,指针应该移向一侧,如图3-51所示。当放松正时齿带时,张紧轮应该回到初始位置(缺口和指针重叠)。

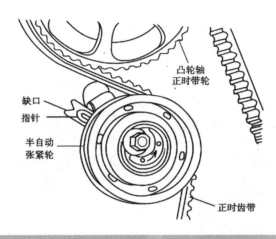

图3-51 检查半自动张紧轮

任务三 正时链的检查与更换

一、实训准备

1 实训器材

(1)卡罗拉轿车(图3-52)。

图3-52 卡罗拉轿车

（2）其他工具及器材：举升机（见图2-29）、组合工具（见图2-39）、扭力扳手（见图2-76）、螺丝刀、钳子、胶带、游标卡尺、专用工具SST 09223-22010、通用润滑脂、转向盘护套、变速杆手柄套、座位套、脚垫、翼子板和前格栅磁力护裙等。

2 准备工作

（1）汽车进入工位前，将工位清理干净，准备好相关的器材。
（2）将汽车停驻在举升机中央位置（图3-53）。
（3）拉紧驻车制动器操纵杆（图3-54），并将自动变速器选挡杆置于驻车挡（P挡）位置。

图3-53 停放汽车

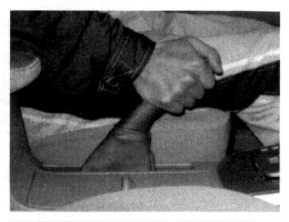

图3-54 拉紧驻车制动器操纵杆

（4）套上转向盘护套（图3-55）、选挡杆手柄套和座位套，铺设脚垫。
（5）在车内拉动发动机舱盖手柄（图3-56）。

图3-55 套上转向盘护套

图3-56 拉动发动机舱盖手柄

（6）在车外打开并支撑发动机舱盖（图3-57）。
（7）粘贴翼子板和前格栅磁力护裙（图3-58）。

图3-57 支撑发动机舱盖

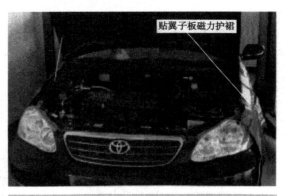
图3-58 粘贴翼子板和前格栅磁力护裙

正时链的检查与更换

拆装正时链组件相关部件的分解图,如图3-59~图3-63所示。

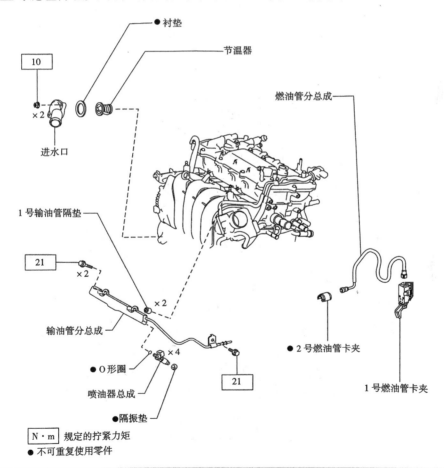

图3-59 拆装正时链组件相关部件分解图(1)

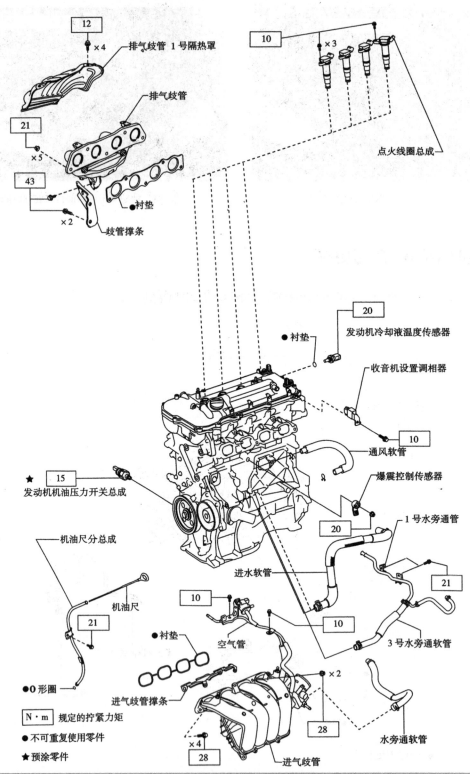

图3-60 拆装正时链组件相关部件分解图(2)

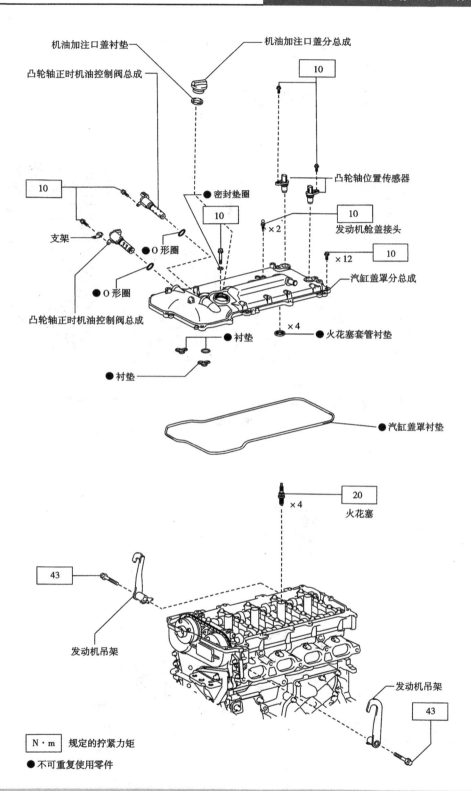

图3-61 拆装正时链组件相关部件分解图(3)

项目三　配气机构的构造与维修

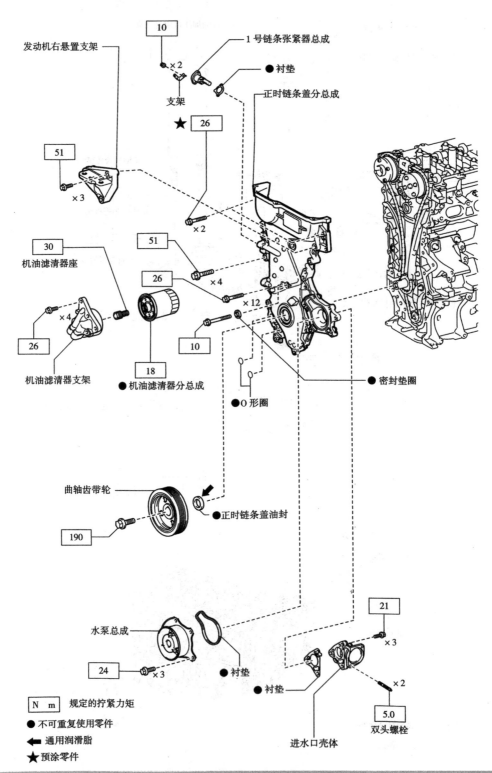

图3-62　拆装正时链组件相关部件分解图（4）

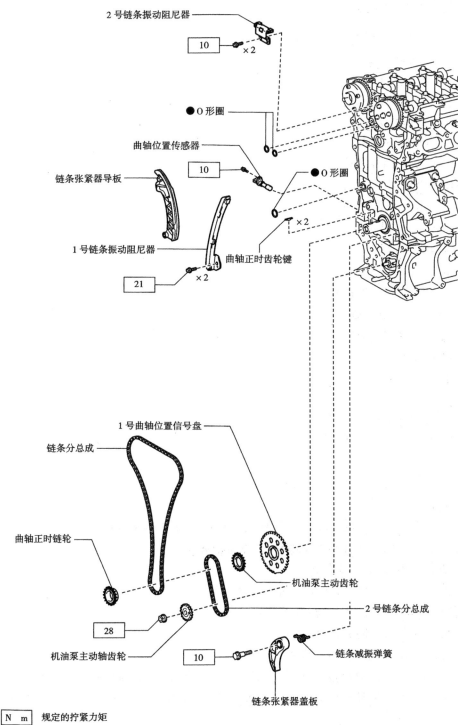

图3-63 拆装正时链组件相关部件分解图(5)

1 正时链条的拆卸

(1)拆卸带变速器的发动机总成。
(2)安装发动机台架。
(3)拆卸进气歧管。
(4)拆卸燃油管分总成。
(5)拆卸输油管分总成。
(6)拆卸喷油器总成。
(7)拆卸点火线圈总成。
(8)拆卸机油尺分总成。
(9)拆卸排气歧管1号隔热罩。
(10)拆卸歧管撑条。
(11)拆卸排气歧管。
(12)拆卸通风软管。
(13)拆卸3号水旁通软管。
(14)拆卸1号水旁通管。
(15)拆卸水旁通软管。
(16)拆卸进水软管。
(17)拆卸进水口。
(18)拆卸节温器。
(19)拆卸收音机设置调相器。
(20)拆卸汽缸盖罩分总成。
(21)拆卸汽缸盖罩衬垫。
(22)将1号汽缸设置到压缩上止点(TDC)位置。
(23)拆卸曲轴齿带轮。
(24)拆卸1号链条张紧器总成。如图3-64所示,拆下2个螺母、托架、张紧器和衬垫。
注意:不要在不使用链条张紧器的情况下转动曲轴。
(25)拆卸正时链条盖分总成。
①如图3-65所示,拆下3个螺栓和发动机悬置支架
②如图3-66所示,拆下4个螺栓和机油滤清器支架。
③如图3-67所示,拆下2个O形圈。
④如图3-68所示,拆下19个螺栓。
⑤如图3-69所示,用螺丝刀撬动正时链条盖和汽缸盖或汽缸体之间的部位,拆下正时链条盖。注意:不要损坏正时链条盖、汽缸体和汽缸盖的接触面。在使用螺丝刀之前,在螺丝刀头部缠上胶带。
⑥如图3-70所示,拆下3个O形圈。
⑦如图3-71所示,拆下3个螺栓和水泵。

图3-64 正时链条的拆卸(1)

图3-65 正时链条的拆卸(2)

图3-66 正时链条的拆卸(3)

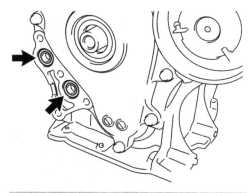

图3-67 正时链条的拆卸(4)

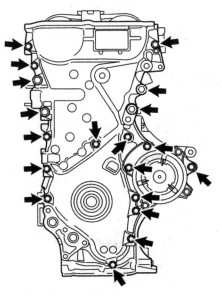

图3-68 正时链条的拆卸(5)

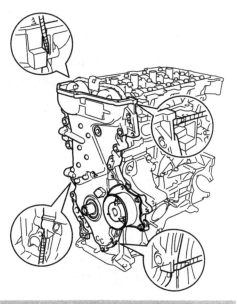

图3-69 正时链条的拆卸(6)

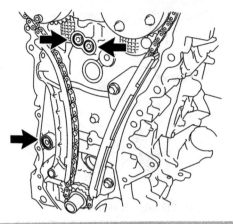

| 图3-70 正时链条的拆卸(7) | 图3-71 正时链条的拆卸(8) |

⑧如图3-72所示，拆下衬垫。

(26)拆卸正时链条盖油封。如图3-73所示，用螺丝刀和手锤拆下油封。注意：小心操作，不要损坏正时链条盖油封。使用螺丝刀之前，请在螺丝刀头部缠上胶带。

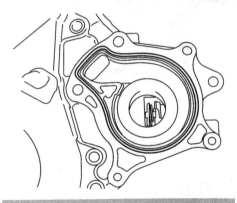
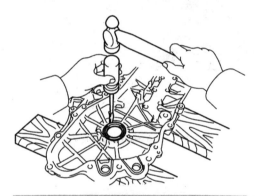

| 图3-72 正时链条的拆卸(9) | 图3-73 正时链条的拆卸(10) |

(27)如图3-74所示，拆卸链条张紧器导板。

(28)如图3-75所示，拆下2个螺栓和1号链条振动阻尼器。

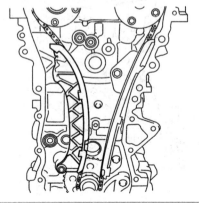
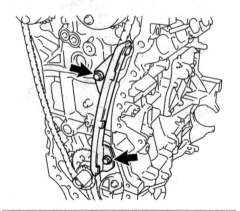

| 图3-74 正时链条的拆卸(11) | 图3-75 正时链条的拆卸(12) |

(29)拆卸链条分总成。

①如图3-76所示，用扳手固定住凸轮轴的六角头部分，并逆时针旋转凸轮轴正时齿轮总成，以松开凸轮轴正时齿轮之间的链条。

②链条松开时，将链条从凸轮轴正时齿轮总成上松开，并将其放置在凸轮轴正时齿轮总成上。注意：确保将链条从链轮上完全松开。

③顺时针转动凸轮轴，使其回到原来位置，并拆下链条。

2 检查

（1）检查链条分总成。

①如图3-77所示，用147N的力拉链条。

②用游标卡尺测量15个链节的长度。最大链条伸长率：115.2mm。注意：在任意3个位置进行测量，使用测量值的平均值。如果平均伸长率大于最大值，则更换链条。

（2）检查2号链条分总成。

①见图3-77，用147N的力拉链条。

②用游标卡尺测量15个链节的长度。最大链条伸长率：102.1mm。注意：在任意3个位置进行测量，使用测量值的平均值。如果平均伸长率大于最大值，则更换2号链条。

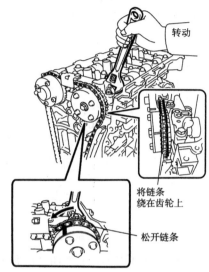

图3-76　正时链条的拆卸(13)

3 正时链条的安装

（1）安装1号链条振动阻尼器。如图3-78所示，用2个螺栓（拧紧力矩：21N·m）安装1号链条振动阻尼器。

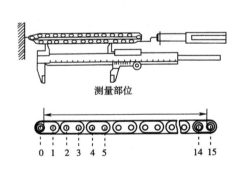

图3-77　检查链条分总成

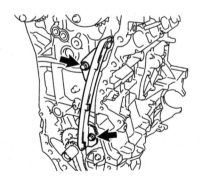

图3-78　正时链条的安装(1)

（2）安装链条分总成。

①检查1号汽缸的活塞压缩上止点（TDC）位置。

项目三　配气机构的构造与维修

a. 暂时紧固曲轴齿带轮螺栓。
b. 如图3-79所示，逆时针转动曲轴，以使正时齿轮键位于顶部。
c. 拆下曲轴齿带轮螺栓。
d. 如图3-80所示，检查每个凸轮轴正时齿轮上的正时标记。

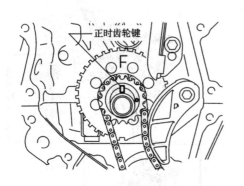

图3-79　正时链条的安装（2）

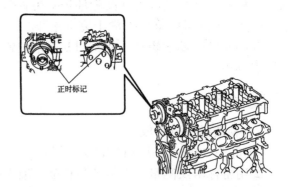

图3-80　正时链条的安装（3）

②如图3-81所示，将标记板（橙色）和正时标记对准并安装链条。注意：确保使标记板位于发动机前侧。凸轮轴侧的标记板为橙色。不要使链条缠绕在凸轮轴正时齿轮总成的链轮周围，只可将其放置在链轮上，将链条穿过1号振动阻尼器。

③如图3-82所示，将链条放在曲轴上，但不要使其缠绕在曲轴周围。

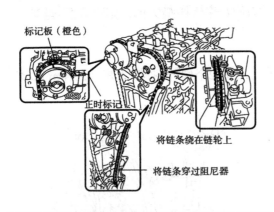

图3-81　正时链条的安装（4）

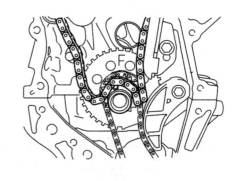

图3-82　正时链条的安装（5）

④如图3-83所示，用扳手固定住凸轮轴的六角头部分，并逆时针旋转凸轮轴正时齿轮总成，以使标记板（橙色）和正时标记对准。注意：确保使标记板位于发动机前侧。凸轮轴侧的标记板为橙色。

⑤用扳手固定住凸轮轴的六角头部分，并顺时针旋转轮轴正时齿轮总成。注意：为了张紧链条，缓慢地顺时针旋转凸轮轴正时齿轮总成，防止链条错位。

⑥如图3-84所示，将标记板（橙色）和正时标记对准，并将链条安装至曲轴正时齿轮。注意：曲轴侧的标记板为黄色。

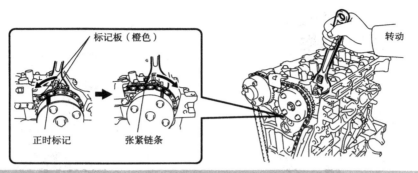

图3-83　正时链条的安装(6)

⑦如图3-85所示，在压缩上止点(TDC)位置时，重新检查每个正时标记。

(3) 安装链条张紧器导板(见图3-74)。

(4) 安装正时链条盖油封。

①如图3-86所示，用SST 09223-22010敲入一个新油封，直到其表面与正时齿轮箱边缘平齐。

②在油封唇口上涂抹一薄层通用润滑脂。注意：使唇口远离异物，不要斜敲油封。确保油封边缘不伸出正时链条盖。

(5) 安装正时链条盖分总成。

(6) 安装曲轴齿带轮。

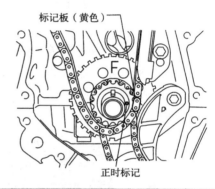

图3-84　正时链条的安装(7)

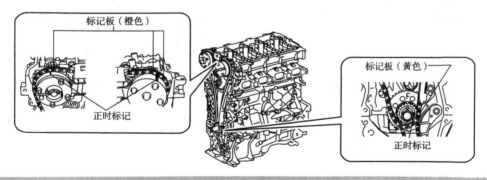

图3-85　正时链条的安装(8)

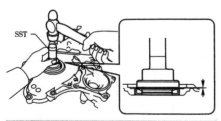

图3-86　正时链条的安装(9)

(7) 安装1号链条张紧器总成。

①松开棘轮爪，然后完全推入柱塞，将挂钩固定在销上，以使柱塞位于图3-87所示位置。注意：确保凸轮固定在柱塞的第一个齿上，使挂钩穿过销。

②如图3-88所示，用2个螺母安装一个新衬垫、支架和1号链条张紧器，拧紧力矩：10N·m。注意：如果安装链条张紧器时，挂钩松开柱塞，应重新固定挂钩。

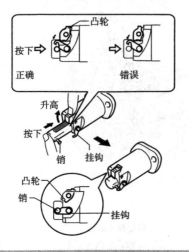 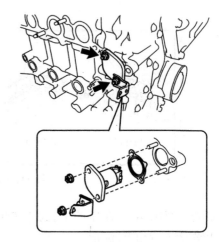

图3-87 正时链条的安装(10)　　　　图3-88 正时链条的安装(11)

③如图3-89所示，逆时针转动曲轴，然后从挂钩上断开柱塞锁销。

④如图3-90所示，顺时针转动曲轴，然后检查并确认柱塞伸出。

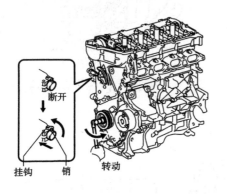 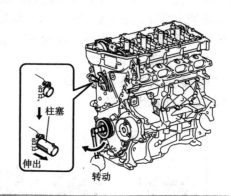

图3-89 正时链条的安装(12)　　　　图3-90 正时链条的安装(13)

(8)安装汽缸盖罩衬垫。

(9)安装汽缸盖罩分总成。

(10)安装收音机设置调相器。

(11)安装节温器。

(12)安装进水口。

(13)安装进水软管。

(14)安装水旁通软管。

(15)安装1号水旁通管。

(16)安装3号水旁通软管。

(17)安装通风软管。

(18)检查排气歧管。

(19)安装排气歧管。

(20)安装歧管撑条。
(21)安装排气歧管1号隔热罩。
(22)安装机油尺分总成。
(23)安装点火线圈总成。
(24)安装喷油器总成。
(25)安装1号输油管隔垫。
(26)安装输油管分总成。
(27)安装燃油管分总成。
(28)安装进气歧管。
(29)拆卸发动机台架。
(30)安装带变速器的发动机总成。

任务四 气门间隙的检查与调整

一 实训准备

1 实训器材

(1)厚薄规(图3-91)。
(2)其他工具及器材：五菱荣光汽车(见图2-28)、举升机(见图2-29)、组合工具(见图2-39)、扭力扳手(见图2-76)、一字形螺丝刀、转向盘护套、变速杆手柄套、座位套、脚垫等。

2 准备工作

(1)汽车进入工位前，将工位清理干净，准备好相关的器材。
(2)将汽车停驻在举升机中央位置(见图2-30)。
(3)拉紧驻车制动器操纵杆(见图2-31)，并将变速杆置于空挡位置。
(4)套上转向盘护套、变速杆手柄套和座位套，铺设脚垫(见图2-32)。

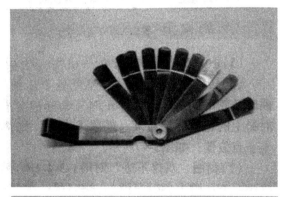

图3-91 厚薄规

二 气门间隙的检查与调整

注意：五菱荣光汽车每20000km(或24个月)应检查和调整气门间隙，且在发动机冷态时调节。气门间隙过小,将影响汽油机的机动性,并因排气漏气而大大缩短氧传感器及三元催化转换器的寿命。气门间隙过大,会产生噪声、加剧磨损,影响气门组件寿命。

(1)搬开座椅锁定开关,搬开驾驶员座椅和乘客座椅,露出发动机总成(图3-92)。
(2)拆卸汽缸盖罩上的装饰盖的螺栓(图3-93),取下装饰盖。

图3-92　发动机总成

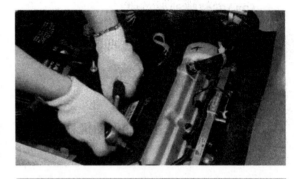

图3-93　拆卸装饰盖螺栓

(3)拔下各缸的点火高压线(图3-94)。
(4)拆下汽缸盖罩上的固定螺栓(图3-95)。

图3-94　拔下各缸的点火高压线

图3-95　拆下汽缸盖罩上的固定螺栓

(5)取下汽缸盖罩露出配气机构(图3-96)。

(6)转动曲轴,使第1缸活塞处于压缩上止点位置。具体方法是:转动曲轴链轮,将曲轴链轮的凹槽与汽缸体正时三角标记对准。检查凸轮轴正时链轮的"0"标记是否与正时链上的正时标记对准,如果未对准,则将曲轴旋转一周(360°),此时第1缸应处于压缩上止点位置,如图3-97所示。

(7)利用"双排不进"对应1-3-4-2顺序逐个对气门进行检查,即可检查与调整的气门为1缸(双:两个气门可调)、3缸(排:排气门可调)、4缸(不:两气门不可调)和2缸(进:进气门可调)。检查方法为:用厚薄规插入气门顶柱与凸轮之间来回拉动(图3-98),感到有轻微阻力为宜,转动曲轴360°(第4缸处于压缩上止点位置),检查其他气门间隙。进气门间隙(冷态)应为0.075~0.125mm;排气门间隙(冷态)应为0.245~0.295mm。如果间隙不对,进行调整。

(8)调整时,用扳手拧松锁紧螺母,再用一字螺丝刀转动调整螺栓,用厚薄规检查气门间隙，直到将气门间隙调整到合适为止（图3-99）。然后再拧紧锁紧螺母。

图3-96　取下汽缸盖罩露出配气机构

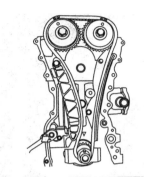

图3-97　第1缸活塞处于压缩上止点位置

图3-98　检查气门间隙

图3-99　调整气门间隙

（9）安装汽缸盖罩上的固定螺栓，紧固汽缸盖罩上的固定螺栓至8～12N·m（图3-100）。

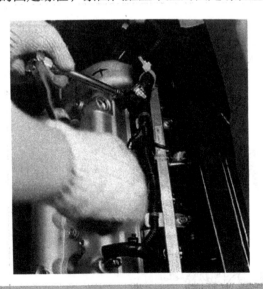

图3-100　紧固汽缸盖罩上的固定螺栓

（10）插入各缸点火高压线（图3-101）。

项目三 配气机构的构造与维修

（11）安装汽缸罩盖上的装饰盖，紧固汽缸罩盖上的装饰盖的螺栓（图3-102）。

图3-101 插入各缸点火高压线

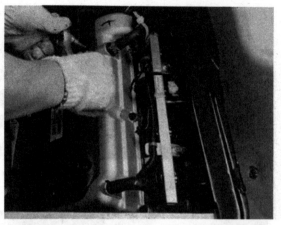

图3-102 紧固汽缸罩盖上的装饰盖螺栓

（12）将驾驶员座椅和乘客座椅复位。

工 作 页

第一部分 理 论 知 识

1.配气机构的作用是＿＿＿＿＿＿＿＿＿＿＿＿＿＿＿＿＿＿＿＿＿＿＿＿＿＿＿＿＿＿＿＿

＿＿。

将图中部件名称填入表格中。

1-＿＿＿＿＿＿＿＿；

2-＿＿＿＿＿＿＿＿；

3-＿＿＿＿＿＿＿＿；

4-＿＿＿＿＿＿＿＿；

5-＿＿＿＿＿＿＿＿；

6-＿＿＿＿＿＿＿＿；

7-＿＿＿＿＿＿＿＿；

8-＿＿＿＿＿＿＿＿；

9-＿＿＿＿＿＿＿＿；

10-＿＿＿＿＿＿＿＿

2.气门组作用是_____。
将图中部件名称填入表格中。

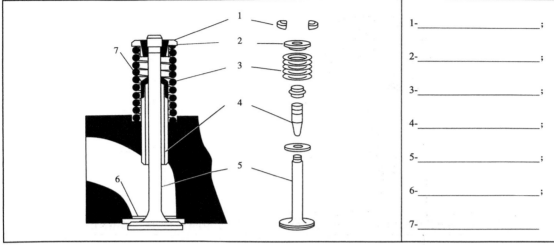

1-_____;

2-_____;

3-_____;

4-_____;

5-_____;

6-_____;

7-_____。

3.气门的作用是_____。
将图中部件名称填入表格中。

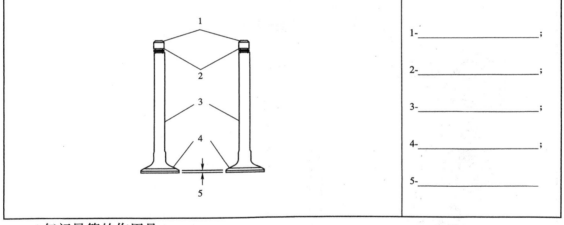

1-_____;

2-_____;

3-_____;

4-_____;

5-_____。

4.气门导管的作用是_____。
将图中部件名称填入表格中。

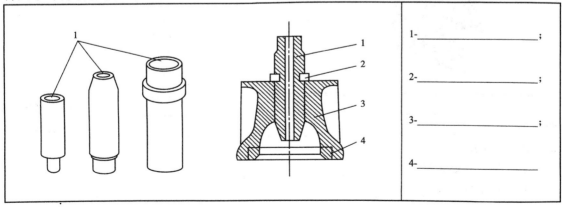

1-_____;

2-_____;

3-_____;

4-_____。

5. 将图中链条驱动式配气机构的部件名称填入表格中。

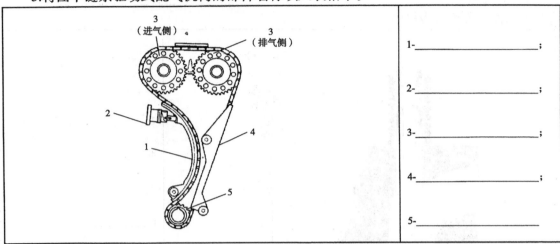

1-_____;

2-_____;

3-_____;

4-_____;

5-_____

6. 将图中桑塔纳2000GSi轿车AJR发动机配气机构的部件名称填入表格中。

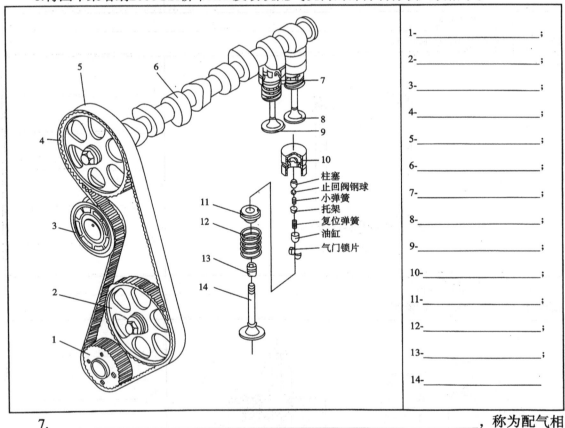

1-_____;

2-_____;

3-_____;

4-_____;

5-_____;

6-_____;

7-_____;

8-_____;

9-_____;

10-_____;

11-_____;

12-_____;

13-_____;

14-_____

7._____，称为配气相位。通常用_____，这种图形称为配气相位图。

(1) 进气门早开的目的_____。

(2) 进气门晚关的目的_____。

（3）排气门早开的目的_____。
（4）排气门晚关的目的_____。

8.现代发动机有些具有可变的配气相位，进气门的开启和关闭时间可被调节。发动机转速高时，_____，_____，_____；发动机转速低时，_____，_____，_____，以满足发动机对经济性、稳定性和减少排放污染物的要求。

第二部分　实　践　操　作

1.简述正时齿带的更换方法。

2.简述正时链的检查与更换方法。

3.简述气门间隙的检查与调整方法。

第三部分　评价与反馈

考核项目	评分标准	分　数	学生自评	小组互评	教师评价	小　计
团队合作	是否和谐	5				
活动参与	是否积极主动	5				

续上表

考核项目	评分标准	分数	学生自评	小组互评	教师评价	小计
安全生产	有无安全隐患	10				
现场5S	是否做到	10				
任务方案	是否合理	15				
操作过程	正时齿带的检查和更换；正时链的检查与更换；气门间隙的检查与调整	30				
任务完成情况	是否圆满完成	5				
工具和设备使用	是否规范、标准	10				
劳动纪律	是否能严格遵守	5				
工单填写	是否完整、规范	5				
总　分		100				
教师签名：				年　月　日	得　分	

项目四
冷却系统的构造与维修

任务一 冷却系统的认知

一、冷却系统功用和组成

发动机冷却系统的功用就是使工作中的发动机得到适度的冷却,从而保持发动机在最适宜的温度范围内工作。另外,冷却系统还为暖风系统提供热源。

现代汽车多采用封闭式强制循环水冷却系统,即用水泵强制地使冷却液在冷却系统中进行循环流动,使发动机中高温零件的热量先传给冷却液,然后散发到大气中。

水冷却系统一般由水泵、散热器、节温器、冷却风扇、风扇控制机构、水套、膨胀水箱、温度指示器及报警灯等组成。图4-1为桑塔纳2000GSi轿车AJR发动机冷却系统布置图。

发动机工作时,水泵将冷却液压入发动机汽缸体水套,然后流入汽缸盖水套,吸收汽缸体和汽缸盖的热量。此后冷却液分两路循环(图4-2),一路为大循环,即冷却液流经散热器冷却后,进入装在机体水泵进口处的节温器,流向水泵进水口;另一路为小循环,即冷却液直接进入节温器后的水泵进水口,不经散热器冷却。当冷却液的温度低于85℃时,进行小循环;当冷却液高于85℃时,部分冷却液进行大循环;当冷却液温度达到(102±3)℃时,流经散热器的冷却液全都参加大循环,而小循环是常开的,这样可使冷却系统的温度提高到一个较高的水平,改善发动机的热效率,同时可以确保冷却系统中始终有冷却液在循环,保证发动机在最佳温度下工作。

为了提高燃油雾化程度,冷却液的热量可对进入进气歧管内的混合气进行预热,车上的暖风装置利用冷却液带出的热量来达到取暖目的。当需要取暖时，打开暖气控制阀，从汽缸体水套流出的部分冷却液可流入暖风热交换器供暖，随后流回水泵。

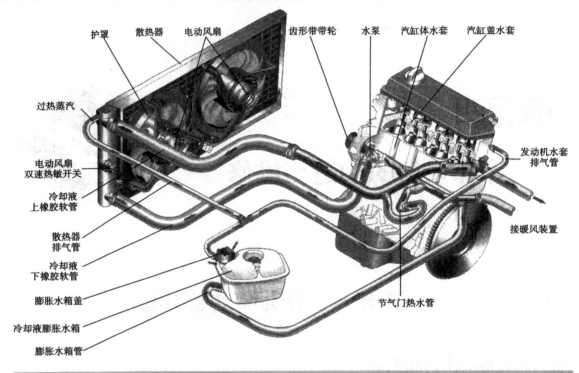

图4-1　桑塔纳2000GSi轿车AJR发动机冷却系统布置图

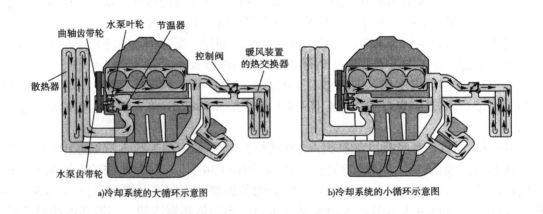

a)冷却系统的大循环示意图　　　　　　b)冷却系统的小循环示意图

图4-2　冷却系统的循环示意图

二、冷却液

冷却液是发动机冷却系统中最重要的工作介质，汽车常用的冷却液有水及加有防冻剂的防冻冷却液。

1 水冷却液

水冷却液是指直接用水作为冷却液，它具有简单、方便的优点。但是，水沸点低、易蒸发，需经常添加。冷却水最好选用软水，即含盐分少的水，如雨水、雪水、自来水等。否则，易在水套内形成水垢，从而降低汽缸盖和汽缸体的传热性能，使发动机过热。水在严寒冬季易结冰，车辆过夜必须放水，否则会因为结冰时体积膨胀，造成胀裂汽缸体、汽缸盖的严重事故。

2 防冻冷却液

防冻冷却液主要由防冻剂与水按一定比例混合而成，最常用的防冻剂是乙二醇，乙二醇可降低冰点和提高沸点。冷却液中，水与乙二醇的比例不同，其冰点也不同，见表4-1。

冷却液的冰点与乙二醇质量分数的关系　　　　　　　　　　　　　　　　表4-1

冷却液冰点（℃）	乙二醇的质量分数（%）	水的质量分数（%）
-10	26.4	73.6
-20	36.2	63.8
-30	45.6	54.4
-40	52.3	47.7
-50	58.0	42.0
-60	63.1	36.9

有些车型使用的防冻冷却液中还加添有添加剂，添加剂可防止冷却液腐蚀、沉积（水垢）、形成泡沫和过热的作用。

乙二醇型防冻冷却液有不同的牌号，应按汽车使用说明书的规定要求选用和定期更换防冻冷却液（表4-2）。注意：不同牌号的防冻冷却液不可混用。

常见发动机冷却液更换周期　　　　　　　　　　　　　　　　　　　　　　表4-2

发动机型号	冷却液牌号	容量（L）	更换周期
凯越（1.6L）轿车发动机	DEX-COOL	7.2	每24万km或5年
卡罗拉（1.6L）轿车发动机	丰田高级长效冷却液或类似的优质乙二烯乙二醇型冷却液	5.6（手动变速器车型）或5.5（自动变速器车型）	第一次行驶16万km，然后每行驶8万km更换一次
桑塔纳2000GSi轿车AJR发动机	NO52 774 BO或改进型冷却液NO52 774 CO	6.0	行驶6万km或2年
五菱荣光汽车	张家港迪克发动机冷却液	4.6	每隔2年或行驶4万km更换（如有泄漏，随时补充）

注：更换同期中的行驶里程和年数，以先到达者为准。

3 冷却液在环境保护和安全措施上的要求

1）环境保护

（1）冷却液是一种对水有污染的液体，属于对水有轻微污染的物质，因此不允许将冷却液排入地表水域和下水道，作业时只能在防渗的地面上进行。

（2）废弃的冷却液要单独盛装，并妥善保管和回收利用。

（3）沾上冷却液的抹布或物品，不得作为生活垃圾处理。

2）安全措施

（1）冷却液对人皮肤有损害，作业时应戴上个人防护装备。

（2）沾上冷却液的衣服或鞋子，必须立即脱下并更换。

（3）皮肤接触到冷却液，立即用水和肥皂清洗并彻底冲洗。

（4）眼睛接触到冷却液，应翻开眼皮并用流水冲洗眼睛几分钟，然后尽快去医院治疗。

（5）若吸入冷却液，立即漱口并喝下大量清水，然后尽快去医院治疗。

三、冷却系统主要部件的构造

1 水泵

水泵的作用是对冷却液加压，强制冷却液在冷却系统中循环流动。现代汽车通常采用离心式水泵。水泵一般在机体外安装，与风扇同轴驱动，也有装在机体内（内藏式）单独驱动的水泵。

离心式水泵主要由壳体、叶轮、泵盖板、水泵轴、支撑轴承、水封等组成，如图4-3a)所示。

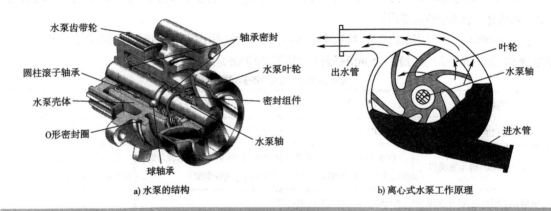

图4-3 水泵

如图4-3b)所示，当叶轮旋转时，水泵中的水被叶轮带动一起旋转，并在离心力作用下向叶轮边缘甩出，经与叶轮成切线方向的出水管压送到发动机的水套内。与此同时，叶轮中心处造成一定的负压而将水从进水管吸入，如此连续地作用，使冷却液在水路中不断地循环。

2 散热器

散热器的功用是使水套中出来的热水得到迅速冷却，以保持发动机的正常水温。散热器的主要组成为上储水室、下储水室、散热器芯（包括冷却管和散热带）和散热器盖等，如图4-4所示。

（1）上储水室和下储水室。上储水室顶部有加水口，平时用散热器盖盖住，并装有进水软管，与发动机上出水管相连。下储水室有出水管，用软管与水泵进水口相连。一般在下储水室中还装有放水阀。由发动机出水管流出的温度较高的热水进入上储水室，经散热器冷却管散热冷却后流入下储水室，由散热器出水管流出后被吸入水泵。

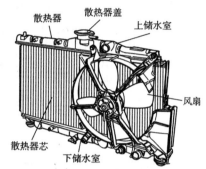

图4-4 散热器的组成

（2）散热器芯。散热器芯由许多扁圆形的冷却管和散热片组成。冷却管焊接在上下储水室之间，作为冷却液的通道。空气吹过管的外表面，从而使管内流动的水得到冷却。冷却管周围布置了很多散热片，用来增加散热面积，同时增加整个散热器的刚度和强度。

（3）散热器盖。现代汽车发动机多采用封闭式水冷却系统，这种冷却系统的散热器盖装有一个空气阀和一个蒸汽阀，对冷却系统有密封加压作用。发动机处于正常热态时，阀门关闭，可将冷却系统与大气隔开，防止水蒸气逸出，使系统内压力稍高于大气压力，从而可增高冷却液的沸点，保证发动机在较长时间及较高负荷下工作。如图4-5所示，当散热器中压力升高到一定值时，蒸汽阀便开启，使水蒸气从通气孔排出，以防热膨胀压坏散热器芯管；当水温降低，冷却系统中蒸汽凝结为水，散热器内形成一定真空时，空气阀开启，空气从通气孔进入冷却系统，避免压力差将散热器芯管压瘪。

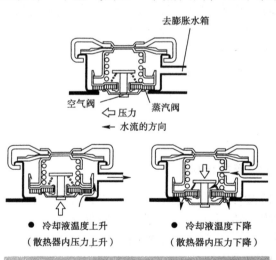

图4-5 具有空气阀—蒸汽阀的散热器盖

3 膨胀水箱

加注防锈、防冻液的汽车发动机常采用膨胀水箱（图4-6）。发动机工作使冷却液温度升高并膨胀，使散热器内压力上升。当压力达到规定值以上时，一部分冷却液流回膨胀水箱以保持散热器内压力。停车时，冷却液温度降低，散热器内压力下降，膨胀水箱内的冷却液受大气压的作用流回散热器。

膨胀水箱多用半透明材料（如塑料）制成，透过箱体可直接观察到冷却液的液面高度，无需打开散热器盖，冷却液的液面高度应在FULL与LOW之间（图4-7）。

4 节温器

节温器安装在冷却液循环的通路中(一般安装在汽缸盖的出水口)，根据发动机负荷的大小和水温的高低改变水的循环流动路线，以达到调节冷却系统冷却强度的目的。

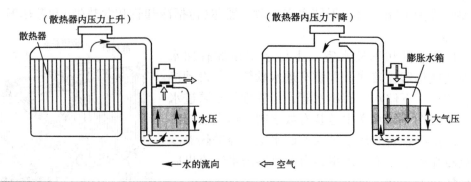

图4-6 膨胀水箱

汽车发动机广泛采用蜡式节温器(图4-8)。节温器推杆的一端固定于支架的中心处，另一端插入胶管的中心孔中。胶管与节温器外壳之间形成的腔体内装有精制石蜡。常温时，石蜡呈固态，阀门压在阀座上，这时阀门关闭了通往散热器的水路，来自发动机缸盖出水口的冷却液经水泵又流回汽缸体水套中进行小循环。当发动机水温升高时，石蜡逐渐变成液态，体积随之增大，迫使橡胶管收缩，从而对推杆上端头产生向上的推力。由于推杆上端固定，故推杆对橡胶管、感应体产生向下的反推力，最终阀门开启。当发动机水温达到规定温度以上时，阀门全开，来自汽缸盖出水口的冷却液流向散热器，进行大循环。

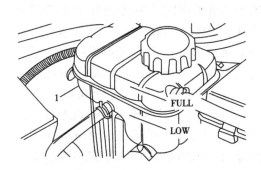

图4-7 检查冷却液的液面高度

5 冷却风扇

冷却风扇的功用是提高流经散热器的空气流速和流量，以增强散热器的散热能力并冷却发动机附件。冷却风扇多装在发动机与散热器之间，与水泵同轴驱动。这样，当风扇转动时，对空气产生轴向吸力，空气流从前到后通过散热器芯，从而使散热器芯中的冷却液加速冷却。

风扇的扇风量与风扇的直径、转速、叶片形状、叶片安装角度以及叶片数目有关，目前车用水冷发动机大多数采用轴流式风扇，风扇形式如图4-9所示。

在轿车上大多采用电动冷却风扇(图4-10)。电动冷却风扇系统一般由电动冷却风扇温度传感器(水温开关)、风扇、电动机等组成。根据冷却液温度变化，风扇断续工作，从而提高了整车的经济性能。另外，电动冷却风扇省去了风扇V带轮和发电机轴的驱动V带连接，风扇叶片尺寸和散热器等布置自由度大，具有能耗低、噪声小等优点。

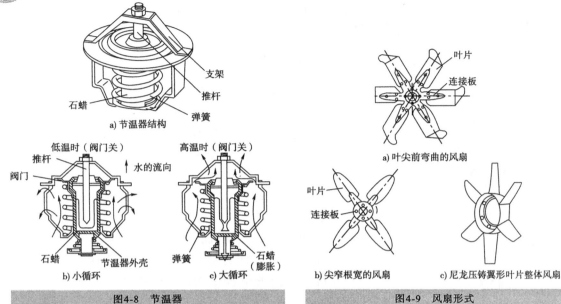

图4-8 节温器

图4-9 风扇形式

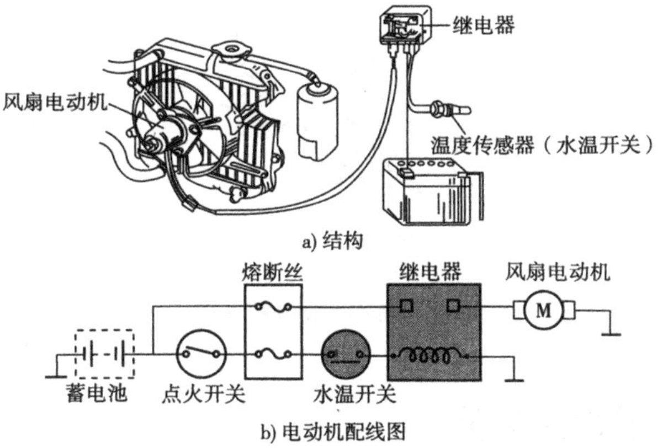

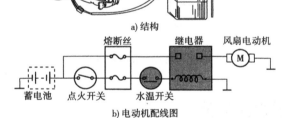

图4-10 电动风扇的结构

任务二 冷却液的检查与更换

●实训准备

1 实训器材

(1)五菱荣光汽车发动机冷却液(图4-11)。
(2)其他工具及器材:五菱荣光汽车(见图2-28)、举升机(见图2-29)、组合工具(见

项目四　冷却系统的构造与维修

图2-39)、扭力扳手(见图2-76)、冷却液收集容器、转向盘护套、变速杆手柄套、座位套、脚垫、翼子板和前格栅磁力护裙等。

图4-11　五菱荣光汽车发动机冷却液

2　准备工作

(1)汽车进入工位前，将工位清理干净，准备好相关的器材。

(2)将汽车停驻在举升机中央位置(见图2-30)。

(3)拉紧驻车制动器操纵杆(图4-12)，并将变速杆置于空挡位置。

(4)套上转向盘护套、变速杆手柄套和座位套，铺设脚垫(见图2-32)。

(5)在车内拉动发动机舱盖手柄(图4-13)。

(6)在车外打开并支撑发动机舱盖(图4-14)。

(7)粘贴翼子板和前格栅磁力护裙(见图2-35)。

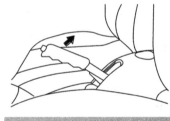
图4-12　拉紧驻车制动器操纵杆

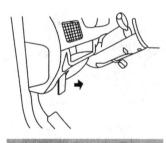
图4-13　拉动发动机舱盖手柄

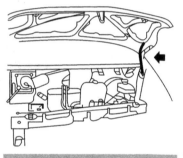
图4-14　支撑发动机舱盖

冷却液液面高度的检查

注意：每周至少检查一次发动机冷却液液面高度，以便车辆保持在最佳行驶状态。

冷却液储液罐是透明的，它通过软管与散热器相连。冷却液储液罐收集温度升高时溢出的冷却液，否则这些冷却液就会从系统中溢出。要检查冷却液液面高度时，应打开发动机舱盖，并观察冷却液储液罐（没有必要打开散热器盖）。应在发动机冷却时，检查冷却液储液罐中冷却液液面高度(图4-15)，正常的冷却液液面高度应在FULL和LOW之间，如果发现冷却液液面高度低于LOW标志时，应打开冷却液储液罐盖，加

图4-15　检查冷却液液面高度

注冷却液达FULL标志，然后重新盖好冷却液储液罐盖。

三、冷却液的更换

1 注意事项

五菱荣光汽车出厂时，发动机加注的冷却液由48%的蒸馏水和52%的防冻剂组成，冰点为-40℃；具有防生锈、防腐蚀、高沸点等特性；使用中应选用SGMW指定的品种。冷却液的冰点应比该地区最低环境温度至少低5℃，但冷却液中防冻剂的浓度不能大于60%，否则影响冷却液的散热能力。冷却液每2年或汽车行驶4万km（先到为准）应当全部更换一次。

发动机的冷却系统容积为4L。加注程序中列出的容量包括用于在进行静态重灌后，排出留在冷却液系统中的空气的额外数量。

将冷却液回收并储存在冷却液收集容器中，定期将旧冷却液交送回收，即绝不可将旧冷却液倒入下水道。防冻剂是有毒的化学制品，将其排入下水系统或地下水会破坏生态环境。

不要使用冷却系统密封剂（或类似的密封剂），除非另有规定。使用冷却系统密封剂（或类似密封剂）会限制冷却液在冷却系统或发动机部件中的流动。冷却液流动受阻会造成发动机过热，损坏冷却系统或发动机零部件。

冷却液不能全部排空，除非是在拆卸水泵时。

2 冷却液的排放

（1）将车停泊在水平地面上。
（2）在发动机冷却后，通过以下程序拆卸散热器盖。
①逆时针方向缓慢转动散热器盖至止动器。旋转散热器盖时，切勿按压。
②等待排空残余压力（有嘶嘶声）。
③当嘶嘶声停止后，继续逆时针旋转散热器盖，将其打开。
（3）将冷却液收集容器放在车辆下方，收集所有排放的冷却液。
（4）运转发动机直到散热器上部软管发热，这表明节温器阀已打开，冷却液开始流过散热器。
（5）关闭发动机并打开散热器放水塞，排出冷却液，并注意收集好。
（6）排完后拧紧放水塞。
（7）给系统注满水并运转发动机直到散热器上部软管发热。
（8）重复第（5）、（6）、（7）步数次，直到排出的液体接近无色。
（9）排空系统中的水，为了充分排出，需将散热器的上部水管下端也拆开，排完水后再重新装好水管和放水塞。
（10）取下冷却液储液罐，打开冷却液储液罐盖（用手从盖子的凸缘往上掰开），排出里面的冷却液。

3 冷却液的添加

(1)拧紧散热器出口软管的卡箍。

(2)用肥皂水洗干净冷却液储液罐内部。

(3)将冷却液储液罐装好,并加注合格的冷却液到FULL位,盖好储液罐盖子。

(4)拆开与发动机连接的暖风机出水管上的排气帽,排出系统中的空气,从散热器注水口向系统加入合格的冷却液,当排气口中有冷却液流出时,装上暖风机出水管排气帽。

(5)在散热器盖打开状态下运转发动机,在散热器上部软管发热时,向散热器中再慢慢补充冷却液,直到加满。

(6)关闭发动机,盖好散热器盖。

任务三　水泵的检查与更换

一、实训准备

1 实训器材

(1)刮刀(图4-16)。

(2)其他工具及器材:五菱荣光汽车(见图2-28)、举升机(见图2-29)、组合工具(见图2-39)、扭力扳手(见图2-76)、转向盘护套、变速杆手柄套、座位套、脚垫、翼子板和前格栅磁力护裙等。

图4-16　刮刀

2 准备工作

(1)汽车进入工位前,将工位清理干净,准备好相关的器材。

(2)将汽车停驻在举升机中央位置(见图2-30)。

(3)拉紧驻车制动器操纵杆(见图2-31),并将变速杆置于空挡位置。

(4)套上转向盘护套、变速杆手柄套和座位套;铺设脚垫(见图2-32)。

(5)在车内拉动发动机舱盖手柄(见图2-33)。

(6)在车外打开并支撑发动机舱盖(见图2-34)。

(7)粘贴翼子板和前格栅磁力护裙(见图2-35)。

水泵的检查与更换

1 水泵的拆卸

（1）举升车辆，并拆下发动机油底壳的保护板。
（2）拆下换挡支架总成。
（3）拆下压缩机V带及压缩机总成。
（4）拆下发电机V带及发电机总成。
（5）如图4-17所示，松开压缩机支架安装螺栓1～4及压缩机与水泵总成连接螺栓5和6，拆下压缩机支架。
（6）如图4-18所示，松开水泵安装螺栓7和8，拆下水泵总成和水泵垫。注意：拆卸水泵前应先排出系统内的冷却液，并注意收集好。

2 水泵的检查

用手转动水泵，检查运转是否灵活，如有噪声、卡滞、密封面损伤、水泵叶片损坏等缺陷，以致不能使用时，应更换水泵。

3 水泵的清洁

安装水泵总成前，应先用刮刀清除水泵与曲轴箱总成结合面上的污物。

4 水泵的安装

（1）取一片新的水泵垫，安装到水泵总成和曲轴箱之间。
（2）装上水泵总成及压缩机支架，紧固水泵总成的紧固螺栓和螺母至28～32N·m（图4-18）。

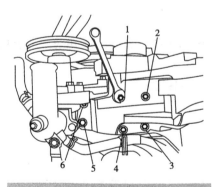
图4-17 水泵的拆卸（1）

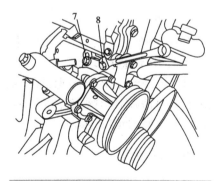
图4-18 水泵的拆卸（2）

（3）安装发电机总成及发电机V带。
（4）装上压缩机V带及压缩机总成。
（5）装上换挡支架总成。
（6）装上发动机油底壳的保护板，放低车辆。

任务四　节温器的检查与更换

一 实训准备

1 实训器材

五菱荣光汽车(见图2-28)、举升机(见图2-29)、组合工具(见图2-39)、扭力扳手(见图2-76)、刮刀(见图4-16)、转向盘护套、变速杆手柄套、座位套、脚垫、翼子板和前格栅磁力护裙等。

2 准备工作

(1)汽车进入工位前,将工位清理干净,准备好相关的器材。
(2)将汽车停驻在举升机中央位置(见图2-30)。
(3)拉紧驻车制动器操纵杆(见图2-31),并将变速杆置于空挡位置。
(4)套上转向盘护套、变速杆手柄套和座位套,铺设脚垫(见图2-32)。
(5)在车内拉动发动机舱盖手柄(见图2-33)。
(6)在车外打开并支撑发动机舱盖(见图2-34)。
(7)粘贴翼子板和前格栅磁力护裙(见图2-35)。

二 节温器的检查与更换

1 节温器的拆卸

(1)举升车辆。
(2)如图4-19所示,从节温器盖上拆下发动机出水管。注意:拆卸前应先排出冷却系统内的冷却液,并注意收集好。
(3)如图4-20所示,松开节温器盖螺栓,拆下节温器盖。
(4)取下节温器盖和节温器盖密封垫。
(5)取下节温器总成(图4-21)。

2 节温器的检查

(1)检查节温器的排气口是否有脏污堵塞,如有,应清除干净。
(2)检查节温器各部位是否有裂纹和变形,如有,应更换新零件。
(3)检查节温器的性能。如图4-22所示,将节温器浸入水中并逐渐加热,仔细查看节温器开始打开时和全开时的水温,如果水温超出规定范围,应更换新零件。节温器开始打开温度为(82±3)℃;节温器全部打开温度为(95±3)℃。

3 节温器的清洁

安装节温器盖前，应先用刮刀清除节温器气盖和进气歧管结合面上的污物。

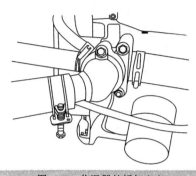
图4-19 节温器的拆卸（1）

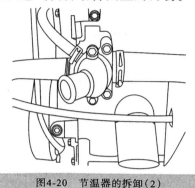
图4-20 节温器的拆卸（2）

4 节温器的安装

(1)将节温器总成放到进气歧管的对应位置上。

(2)取一片新的节温器盖密封垫，安放在节温器盖与进气歧管之间。

(3)将节温器盖密封垫和节温器盖一起装到进气歧管上，紧固节温器盖的紧固螺栓至8~12N·m（见图4-20）。

(4)将出水管接到节温器盖上，并用夹箍夹紧（见图4-19）。

(5)放低车辆。

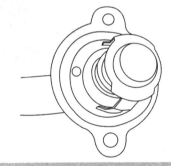
图4-21 节温器的拆卸（3）

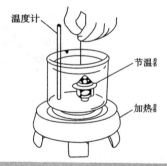
图4-22 检查节温器的性能

工 作 页

第一部分 理 论 知 识

1.发动机冷却系统的作用是_____。

2.冷却液分两路循环，一路为大循环，另一路为小循环。将图中冷却液循环路线上的部件名称填入表格中。

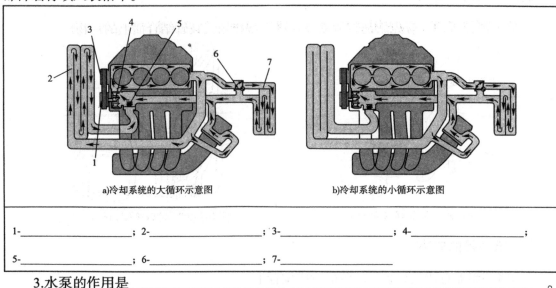

a)冷却系统的大循环示意图　　　　b)冷却系统的小循环示意图

1-_____；2-_____；3-_____；4-_____；
5-_____；6-_____；7-_____

3.水泵的作用是_____。
将图中部件名称填入表格中。

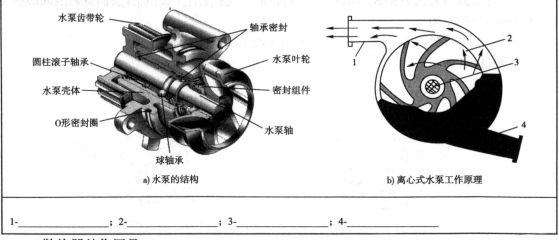

a) 水泵的结构　　　　　　　　　　b) 离心式水泵工作原理

1-_____；2-_____；3-_____；4-_____

4.散热器的作用是_____。
将图中部件名称填入表格中。

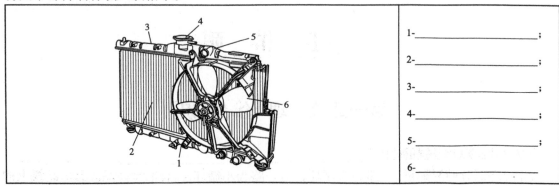

1-_____；
2-_____；
3-_____；
4-_____；
5-_____；
6-_____

5.将图中节温器的部件名称填入表格中。

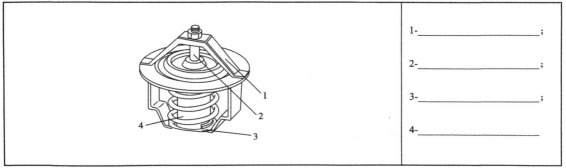

1-_____；

2-_____；

3-_____；

4-_____。

6.冷却风扇的作用是_____。

7.将图中电动风扇的部件名称填入表格中。

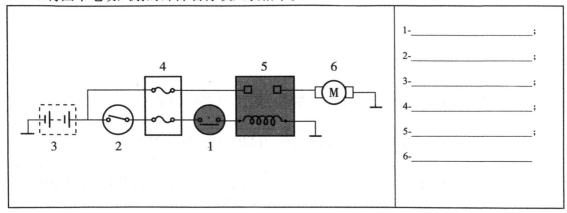

1-_____；

2-_____；

3-_____；

4-_____；

5-_____；

6-_____。

第二部分 实 践 操 作

1.查阅资料，说明常见车型冷却液的牌号及所要求的更换周期（试着找出更多车型所使用的冷却液的牌号及所要求的更换周期）。

发动机型号	冷却液牌号	容量(L)	更换周期
朗逸			
科鲁兹			
捷达			
赛欧			
悦动			
景逸			
宝骏630			

2.简述冷却液的检查与更换方法。

3.简述水泵的检查与更换方法。

4.节温器的检查。
(1)检查节温器的排气口是否有脏污堵塞,如有,应清除干净。
检查记录:_____。
(2)检查节温器各部位是否有裂纹和变形,如有,应更换新零件。
检查记录:_____。
(3)检查节温器的性能。将节温器浸入水中并逐渐加热,仔细查看节温器开始打开时和全开时的水温,如果温度超出规定范围,应更换新零件。

	检查记录:

5.简述节温器更换方法。

第三部分 评价与反馈

考核项目	评分标准	分 数	学生自评	小组互评	教师评价	小 计
团队合作	是否和谐	5				
活动参与	是否积极主动	5				
安全生产	有无安全隐患	10				
现场5S	是否做到	10				
任务方案	是否合理	15				
操作过程	冷却液的检查与更换；水泵的检查与更换；节温器的检查与更换	30				
任务完成情况	是否圆满完成	5				
工具和设备使用	是否规范、标准	10				
劳动纪律	是否能严格遵守	5				
工单填写	是否完整、规范	5				
总 分		100				
教师签名：				年 月 日	得 分	

项目五　润滑系统的构造与维修

项目五　润滑系统的构造与维修

任务一　润滑系统的认知

一　润滑系统的功用和组成

当发动机工作时，各运动部件都必须用发动机润滑油（也称为机油）来润滑。润滑系统的功用就是将机油输送到发动机各个需要润滑的部位，以达到提高发动机工作可靠性和耐久性的目的。

如图5-1所示，润滑系统主要由机油泵、机油滤清器、集滤器、油道等组成，另外包括机油压力开关、机油指示灯（在仪表板上）、机油冷却器等。

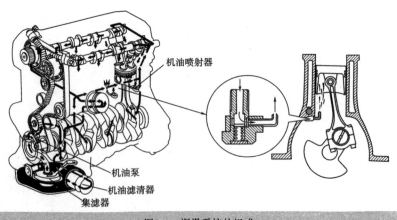

图5-1　润滑系统的组成

图5-2为桑塔纳轿车AJR发动机润滑系统示意图。机油泵由发动机驱动,将油底壳内的机油经集滤器、机油冷却器、机油滤清器输送到各润滑部位,润滑结束后的机油流回到油底壳中。经过汽缸体、汽缸盖上的油道,输送到曲轴轴颈、连杆轴颈、凸轮轴轴颈的机油,使轴浮在轴承上旋转。旋转的曲轴曲柄飞溅起来的机油,在汽缸壁等金属表面形成油膜,使摩擦减小。机油滤清器上设有旁通阀,开启压力为0.18MPa。当机油滤清器堵塞时,润滑油通过压力开关短路进入主油道,防止因缺润滑油而烧坏发动机运动副。

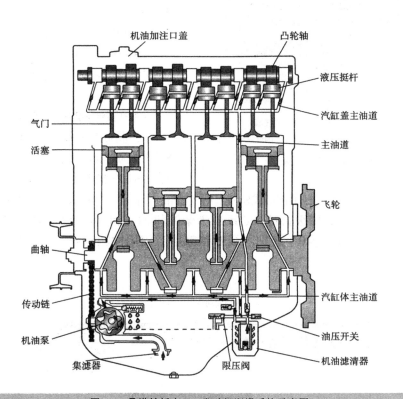

图5-2　桑塔纳轿车AJR发动机润滑系统示意图

机油

1 机油的功用

机油除了最基本的润滑作用外,还具有冷却、清洗、缓冲、密封和防锈等功能。

2 机油的分类

机油的分类,国际上广泛采用SAE(美国工程师学会)黏度分类法和API(美国石油学会)使用性能分类法。

SAE按照不同的黏度等级，将机油分为冬季用机油和非冬季用机油两类。冬季用机油有6种牌号：SAE0W、SAE5W、SAE10W、SAE15W、SAE20W和SAE25W；非冬季用机油有4种牌号：SAE20、SAE30、SAE40和SAE50。

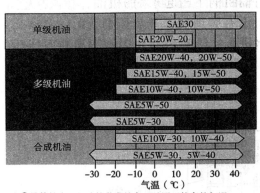

如果使用上述牌号的单级机油，需要根据季节和气温的变化经常更换机油。目前，普遍使用多级机油，例如，桑塔纳2000GSi轿车AJR发动机常用SAE5W-30机油。在低温下使用时的黏度与SAE5W一样，在高温下使用时的黏度又与SAE30相同，因此可以冬夏通用。根据气温选择适当黏度的机油，如图5-3所示。

注①号数越大，机油的黏度越高，适用于较高的气温；
②合成机油可以减小发动机运动部件的摩擦，因此能够节省燃油。

图5-3　根据气温选择机油

API根据机油的性能及其适合使用的场合，将机油分为S系列和C系列两类。S系列为汽油机油，目前有SA～SH、SJ、SL和SM共11个级别。例如，桑塔纳2000GSi轿车AJR发动机使用SG或SG以上级机油；卡罗拉轿车采用SL或SM级机油；五菱荣光汽车采用SM 5W-30级机油。C系列为柴油机油，目前有CA～CD、CD-Ⅱ、CE、CF-4、CF、CF-Ⅱ和CG-4共10个级别。级号越靠后，使用性能越好。目前常用的API等级机油，如图5-4所示。

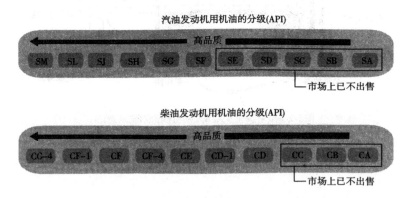

图5-4　目前常用的API等级机油

3 机油的更换周期

在使用过程中，机油由于高温氧化及燃烧物混入等原因影响，将劣化变质，润滑性能下降。因此，机油应适时更换，机油滤清器也同时更换。

机油更换周期因车型和行驶环境而不同（表5-1）。如果汽车经常频繁起步、短距离行驶或在多尘地区使用，机油的更换周期应相应缩短。

常见发动机的机油更换周期　　　　　　　　　　表5-1

发动机型号	机油更换周期	
	行驶里程(km)	月　数
卡罗拉(1.6L)轿车发动机	5000	6
凯越(1.6L)轿车发动机	10000	6
桑塔纳2000GSi轿车AJR发动机	7500	年行驶里程不到7500km,至少更换一次机油
五菱荣光汽车	7500	走合期(2500km)更换一次,以后每隔7500km更换一次

注:更换周期中的行驶里程和月数,以先达到者为准。

4 机油在环境保护和安全措施上的要求

1)环境保护

(1)机油会对水造成污染,不允许排入地表水域和下水道,作业时只能在防渗的地面上进行。

(2)机油是易燃品,存放和作业必须远离火源。

(3)废弃的机油要单独盛装,并妥善保管和回收利用。

(4)沾上机油的抹布或物品,不得作为生活垃圾处理。

2)安全措施

(1)机油对人皮肤有损害,作业时应戴上防护手套和防护服。

(2)沾上机油的衣服或鞋子,必须立即更换。

(3)皮肤上接触到机油后,立即用水和肥皂清洗,勿用汽油或其他溶剂作为清洁品。

(4)若眼睛接触到机油,用水认真冲洗,然后尽快去医院治疗。

三 润滑系统主要部件的构造

1 机油泵

机油泵一般安装在汽缸体的下部,由发动机曲轴直接驱动,将机油输送到发动机各运动部件接触面。机油泵常见的结构形式有三种。

(1)外啮合齿轮式机油泵。如图5-5所示,两个互相啮合的齿轮高速旋转,在进油口处,由于两个轮齿逐渐脱离啮合而使进油腔容积增大,腔内产生一定的真空,机油经进油口被吸入进油腔,随后被轮齿带到出油腔。轮齿逐渐进入啮合而使出油腔的容积减小,使机油压力升高,机油经出油口被压入发动机内的润滑油道中。外啮合齿轮式机油泵由于驱动阻力最小,因此工作效率也较高。

(2)内啮合齿轮式机油泵。如图5-6所示,内齿轮套在曲轴前端,为主动齿轮,机油通过月牙形隔板左右的间隙进行输送。由于这种机油泵内外齿轮之间有多余空间,因此工作效率较低。凯越(1.6L)轿车发动机的机油泵采用内啮合齿轮式。

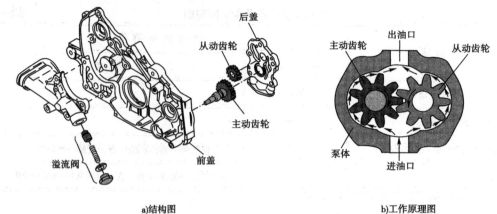

图5-5　外啮合齿轮式机油泵

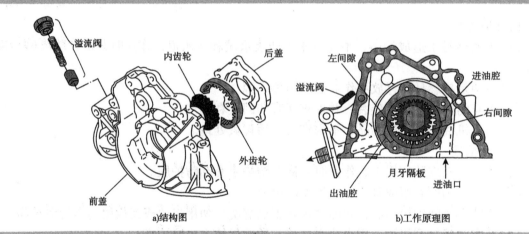

图5-6　内啮合齿轮式机油泵

(3) 转子式机油泵。如图5-7所示，内转子为主动转子，内外转子之间有一定的偏心距。内转子的凸齿比外转子的凹齿少1个，使得两转子之间存在转速差。旋转时，两转子之间的工作腔容积不断变化，容积变大时吸油，变小时压油。这种机油泵供油压力高、噪声较小。卡罗拉(1.6L)轿车发动机和桑塔纳2000GSi轿车AJR发动机的机油泵均采用转子式。

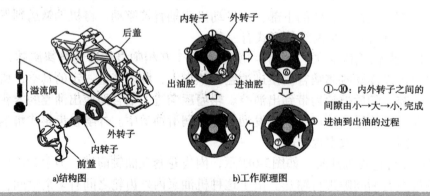

图5-7　转子式机油泵

溢流阀（也称为安全阀或限压阀）安装在机油泵壳体上，控制润滑系统的最高油压，当油压达到规定值时，溢流阀自动开启，使多余的机油流回油底壳。常见发动机润滑系统的油压，见表5-2。

常见发动机润滑系统的油压　　　　　　　　　　　表5-2

发动机型号	条　件	油压（kPa）
卡罗拉（1.6L）轿车发动机	急速	25
	转速3000r/min	150~550
凯越（1.6L）轿车发动机	急速，冷却液温度80℃	不小于30
桑塔纳2000GSi轿车AJR发动机	转速2000r/min，机油温度80℃	200
五菱荣光汽车	转速3000 r/min，冷却液温度75~85℃	不小于40

2 机油集滤器

机油集滤器装在机油泵之前的吸油口端，多采用滤网式，可防止粒度大的杂质进入机油泵。汽车发动机使用的集滤器有浮式集滤器和固定式集滤器两种。

（1）浮式集滤器。浮式集滤器（图5-8）工作时漂浮于机油油面上，以保证机油泵总是吸入最上层较清洁的机油，但油面上的泡沫易被吸入，造成机油压力降低，润滑可靠性差。

当机油泵工作时，机油从罩的边缘被吸入，经过滤网滤除较大的杂质后进入机油泵。如果滤网堵塞时，滤网上部产生真空，从而克服滤网弹性将滤网吸起，滤网中心处的环口离开罩，润滑油便不经过滤网而从环口直接被吸入机油泵，保证润滑不中断。

（2）固定式集滤器。固定式集滤器（图5-9）装在油面下面，吸入的机油清洁度比浮式集滤器稍差，但可防止泡沫吸入，润滑可靠，结构简单，使用广泛。

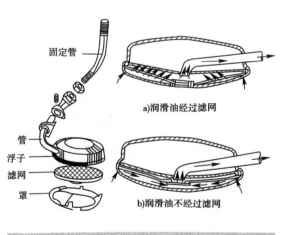

图5-8　浮式集滤器

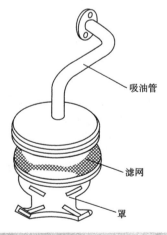

图5-9　固定式集滤器

项目五 润滑系统的构造与维修

3 机油滤清器

机油滤清器要滤除掉机油中的金属粉末、机油氧化物和燃烧物。为了防止滤清器堵塞失效，必须定期进行更换，一般在更换机油的同时也更换机油滤清器。

如图5-10所示，当滤清器没有及时更换或其他原因造成滤芯堵塞时，油压升高使旁通阀开启，机油将不通过滤芯直接进入汽缸体油道。

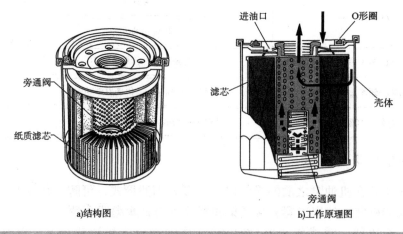

图5-10　机油滤清器

4 机油散热器

在高性能大功率的强化发动机上，由于热负荷大，必须装设机油散热器，以对润滑油进行强制冷却。机油散热器布置在润滑油路中，有风冷式和水冷式两种形式。

（1）风冷式机油散热器。风冷式机油散热器（图5-11）一般安装在发动机冷却系统散热器前面，利用冷却风扇的风力使机油冷却。

（2）水冷式机油散热器。水冷式机油散热器也被称为机油冷却器（图5-12），装在发动机冷却液路中，当机油温度较高时，靠冷却液降温；起动暖车期间油温较低时，则从冷却液吸热迅速提高机油温度。

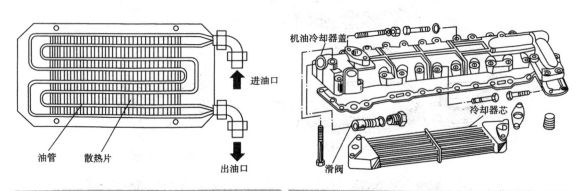

图5-11　风冷式机油散热器　　　　图5-12　水冷式机油散热器

四 曲轴箱强制通风（PCV）系统

发动机工作时，高压的可燃混合气或废气会窜入曲轴箱内，使润滑油中形成泡沫，破坏润滑油的供给，也可能导致润滑油变质、机油泄漏等不良后果。

曲轴箱强制通风就是利用发动机进气管道的真空度作用，使窜入曲轴箱内气体被吸入汽缸。曲轴箱强制通风系统如图5-13所示。发动机工作时，在进气管内真空度作用下，窜入曲轴箱内的气体经钢丝网、曲轴箱通气软管和PCV阀被吸入进气歧管并进入汽缸燃烧。新鲜空气经滤网和空气软管进入到曲轴箱内，形成不断的对流。在曲轴箱通气软管上装有止回阀（PCV阀）是为了防止在发动机低速小负荷时，进气管的真空度太大而将机油从曲轴箱内吸出。

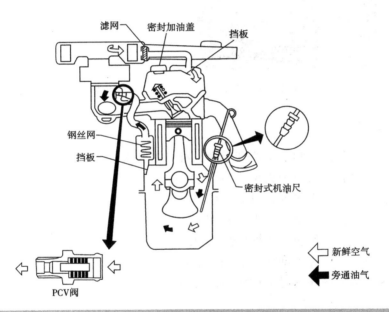

图5-13 曲轴箱强制通风系统

任务二 机油及机油滤清器的检查与更换

一 实训准备

1 实训器材

（1）五菱荣光汽车机油（图5-14）。
（2）漏斗（图5-15）。

（3）其他工具及器材：五菱荣光汽车（见图2-28）、举升机（见图2-29）、组合工具（见图2-39）、扭力扳手（见图2-76）、机油收集容器、机油滤清器专用扳手、转向盘护套、变速杆手柄套、座位套、脚垫、翼子板和前格栅磁力护裙等。

图5-14　五菱荣光汽车机油

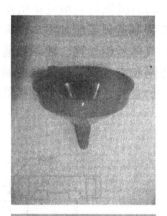
图5-15　漏斗

2 准备工作

（1）汽车进入工位前，将工位清理干净，准备好相关的器材。
（2）将汽车停驻在举升机中央位置（见图2-30）。
（3）拉紧驻车制动器操纵杆（见图2-31），并将变速杆置于空挡位置。
（4）套上转向盘护套、变速杆手柄套和座位套，铺设脚垫（见图2-32）。
（5）在车内拉动发动机舱盖手柄（见图2-33）。
（6）在车外打开并支撑发动机舱盖（见图2-34）。
（7）粘贴翼子板和前格栅磁力护裙（见图2-35）。

二、机油液面高度的检查

（1）搬开座椅锁定开关，搬开驾驶员座椅和乘客座椅，露出发动机总成（见图3-92）。
（2）运转发动机，使发动机达到工作温度（82~93℃）后，关闭发动机，等机油流回油底壳。
（3）5min后，拔出机油尺（图5-16）。
（4）使用非绒布料将机油尺上的机油擦干净（图5-17），然后将机油尺插回原位。
（5）再次拔出机油尺，观察机油在机油尺上的位置（图5-18），同时检查机油的污染情况。
（6）机油应位于机油尺上的MAX刻度线与MIN刻度线标记内（图5-19）。注意：机油不可超过机油MAX刻度线标记，如超过该标记，可能增加机油消耗率、增加积炭，导致火花塞损坏，并影响发动机的功率；如低于MIN刻度线，可能导致发动机润滑不良。应进一步对发动机进行检查，判断机油过低的原因。

图5-16 拔出机油尺

图5-17 将机油尺上的机油擦干净

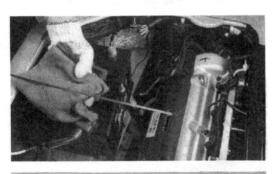

图5-18 观察机油在机油尺上的位置

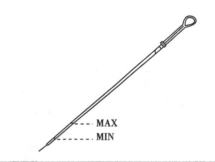

图5-19 检查机油液面高度

三、机油与机油滤清器的更换

（1）适当举升起车辆（图5-20）。
（2）拧下油底壳放油螺塞并放掉机油（5-21）。

图5-20 举升起车辆

图5-21 放掉机油

（3）用专用扳手拆下机油滤清器（图5-22）。
（4）安装机油滤清器前，应在其密封圈上涂一层新机油（图5-23）。

图5-22 拆下机油滤清器

图5-23 在机油滤清器涂一层新机油

(5)用扭力扳手拧紧机油滤清器(图5-24),机油滤芯拧紧力矩为20N·m。

(6)如图5-25所示,用扭力扳手拧紧机油放油螺塞,拧紧力矩为35~45N·m。

图5-24 拧紧机油滤清器

图5-25 拧紧机油放油螺塞

(7)降下车辆,用手拧开机油加注口盖(图5-26)。

(8)根据当地的温度,按要求添加推荐级别的机油,用漏斗加注机油(图5-27)。注意:五菱荣光汽车采用SM 5W-30级机油,容量为3L。

图5-26 拧开机油加注口盖

图5-27 加注机油

(9)加注完毕后,拧紧机油加注口盖。

(10)换机油后,应再次确认机油油位,检查是否有泄漏现象。

工 作 页

第一部分 理 论 知 识

1. 对应图中序号，写出桑塔纳轿车AJR发动机各部件名称。

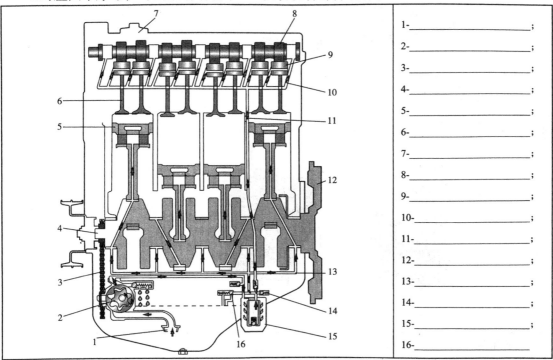

1-＿＿＿＿＿＿＿＿＿＿；
2-＿＿＿＿＿＿＿＿＿＿；
3-＿＿＿＿＿＿＿＿＿＿；
4-＿＿＿＿＿＿＿＿＿＿；
5-＿＿＿＿＿＿＿＿＿＿；
6-＿＿＿＿＿＿＿＿＿＿；
7-＿＿＿＿＿＿＿＿＿＿；
8-＿＿＿＿＿＿＿＿＿＿；
9-＿＿＿＿＿＿＿＿＿＿；
10-＿＿＿＿＿＿＿＿＿＿；
11-＿＿＿＿＿＿＿＿＿＿；
12-＿＿＿＿＿＿＿＿＿＿；
13-＿＿＿＿＿＿＿＿＿＿；
14-＿＿＿＿＿＿＿＿＿＿；
15-＿＿＿＿＿＿＿＿＿＿；
16-＿＿＿＿＿＿＿＿＿＿

2. 对应图中序号，写出外啮合齿轮式机油泵的部件名称。

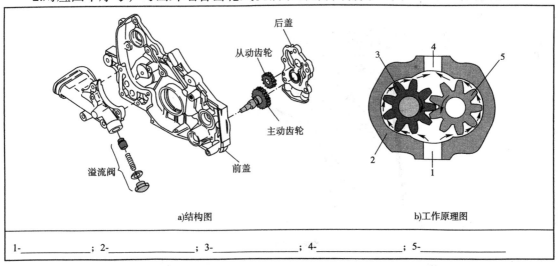

a) 结构图　　　　　　　　　　　　b) 工作原理图

1-＿＿＿＿＿＿；2-＿＿＿＿＿＿＿；3-＿＿＿＿＿＿；4-＿＿＿＿＿＿＿；5-＿＿＿＿＿＿

3.对应图中序号,写出浮式集滤器的部件名称。

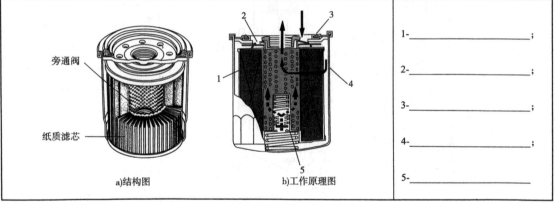

1-_____;

2-_____;

3-_____;

4-_____;

5-_____

4.机油滤清器作用是_____。对应图中序号,写出部件名称。

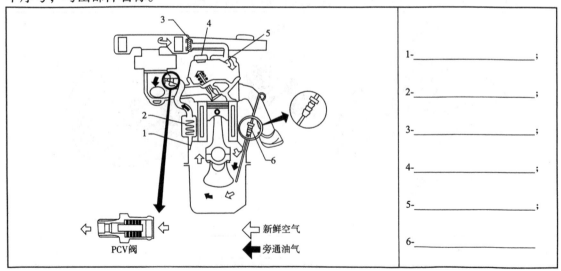

a)结构图　　　　b)工作原理图

1-_____;

2-_____;

3-_____;

4-_____;

5-_____

5.曲轴箱强制通风作用是_____。对应图中序号,写出部件名称。

1-_____;

2-_____;

3-_____;

4-_____;

5-_____;

6-_____

第二部分　实践操作

1. 查阅资料，说明常见车型机油所要求的更换周期（试着找出更多车型所使用机油的更换周期）。

车型、发动机型号	行驶里程（km）	月　数
朗逸		
宝来		
福克斯		
景逸		
宝骏630		

2. 简述机油液面高度的检查方法。

3. 简述机油及机油滤清器的更换方法。

第三部分　评价与反馈

考核项目	评分标准	分　数	学生自评	小组互评	教师评价	小　计
团队合作	是否和谐	5				
活动参与	是否积极主动	5				
安全生产	有无安全隐患	10				
现场5S	是否做到	10				
任务方案	是否合理	15				

续上表

考核项目	评分标准	分 数	学生自评	小组互评	教师评价	小 计
操作过程	机油液面高度的检查；机油及机油滤清器的更换	30				
任务完成情况	是否圆满完成	5				
工具和设备使用	是否规范、标准	10				
劳动纪律	是否能严格遵守	5				
工单填写	是否完整、规范	5				
总 分		100				
教师签名：				年　月　日	得分	

项目六 燃油供给系统的构造与维修

任务一 燃油供给系统的认知

一、汽油机燃油供给系统的功用和组成

目前，汽油机多采用电子控制式燃油喷射系统（一般称为电控燃油喷射系统），它是根据发动机各工况的不同要求，配制一定数量和浓度的可燃混合气并将其供入汽缸，使之在压缩终了时点火、燃烧而膨胀作功，最后将燃烧后的废气排入大气中。

燃油供给系统的作用是供给发动机燃烧过程所需的燃油。燃油供给系统如图6-1所示，主要由燃油泵、燃油滤清器、油压脉动阻尼器、燃油压力调节器和喷油器等组成。

燃油从燃油箱中被燃油泵吸出，先由燃油滤清器将杂质滤除后，再通过燃油供给管送到各个喷油器。喷油器则根据ECU发出的指令，将计量后的燃油喷入各进气歧管并与流入发动机内的空气进行混合，形成可燃混合气。发动机在正常工况的喷油量只取决于各喷油器通电时间长短。

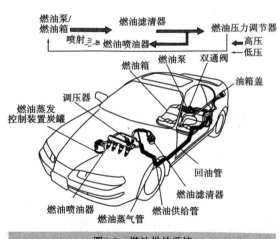

图6-1 燃油供给系统

此外，利用燃油压力调节器可将喷油压力控制在一定的范围内，而将多余的燃油从燃油压力调节器经回油管送回燃油箱。为了消除燃油泵泵油时或喷油器喷油时管路中的油压微小扰动，在有些发动机的燃油供给系统中还装有油压脉动阻尼器，用于吸收管路中油压波动时的能量，以便抑制管路中油压的脉动，提高系统的喷油精度。

二、汽油

1. 汽油主要性能指标

汽油机使用的燃料是汽油，汽油是由石油提炼而得到的、密度小又易于挥发的液体燃料，汽油由多种碳氢化合物组成，基本成分是：碳的体积百分数为85%，氢的体积百分数为15%。汽油的主要性能指标有蒸发性、抗爆性和热值。

1）蒸发性

汽油中必须含有足够比例的高蒸发性的成分，以得到良好的冷起动性能，其蒸发性的好坏将影响发动机是否正常工作。当温度较高时，蒸发性过高的汽油易在油路中蒸发形成气阻；当温度较低时，蒸发性过低的汽油会有一部分不能蒸发、燃烧，并滞留在汽缸壁上，不仅使燃油消耗量增加，而且会稀释润滑油，导致汽缸加快磨损，影响发动机寿命。所以车用发动机的汽油蒸发性要求适中。

2）抗爆性

汽油的抗爆性是指汽油在汽缸中避免产生爆震的能力（也称抗自燃的能力）。爆震是一种非正常燃烧，与发动机温度、压缩比、燃油特性等有关，在压缩行程终了时产生，它将造成发动机过热、排气冒烟、功率下降、油耗增加，并伴有明显的敲缸声，甚至损坏机件。

汽油的抗爆性评价指标是辛烷值。辛烷值高，汽油抗爆性好；反之，汽油抗爆性差。

3）热值

汽油的热值是指单位质量（1kg）的汽油完全燃烧后所产生的热量。汽油的热值约为44000kJ/kg。

2. 汽油的选用

我国车用汽油分类主要以辛烷值为基础，测定辛烷值的方法有马达法和研究法。目前我国用研究法辛烷值（RON）表示汽油的牌号，如90、93和97号。压缩比高的发动机选用辛烷值高的汽油，反之，可选用辛烷值低的汽油。汽油牌号越高，其抗爆性越好，但价格也越贵。

桑塔纳2000GSi型轿车要求必须使用RON90（研究法辛烷值）以上汽油；卡罗拉（1.6L）轿车要求选择93号或更高级的优质无铅汽油；五菱荣光汽车规定使用标准93号以上无铅汽油。清洁添加剂有助于避免发动机和燃油系统形成结胶。

3. 汽油在环境保护和安全措施上的要求

1）环境保护

(1)汽油是对水有污染的物质，不能让汽油流入下水道，作业时只能在防渗的地面上进行。

(2)汽油易燃，会引起火灾和爆炸，进行接触汽油的工作时，必须禁止明火和吸烟，汽油存放必须远离火源。

(3)有汽油溢出时，必须立即用吸附剂进行处理。

(4)用合适的容器收集污染过的燃油、燃油滤清器，并妥善保管和回收利用。

(5)沾上汽油的抹布或物品，不得作为生活垃圾处理。

2)安全措施

(1)汽油会刺激人的皮肤，可以致癌。应避免使汽油接触到皮肤、眼睛或衣服。

(2)沾上汽油的衣服或鞋子，必须立即更换。

(3)皮肤接触到汽油后，立即用水和肥皂清洗。

(4)汽油溅入眼睛后，用水彻底冲洗。

(5)吸入汽油蒸气后，多呼吸新鲜空气，出现呼吸困难时尽快去医院治疗。

(6)吞食汽油后，千万不要催吐，因为液态汽油可能会进入肺部，应立即去医院治疗。

三 燃油供给系统主要部件的构造

1)燃油箱

燃油箱(图6-2)是用来储存燃油的，其容积大小与车型和发动机排量有关，其形状随车型不同而各异，这主要是为了适应在车上的布置安装。

挥发性好的汽油在燃油箱内挥发，若直接将挥发的汽油蒸气排到大气中会污染环境，为此设置了燃油箱蒸发排放控制装置(图6-3)。该装置中，活性炭罐与燃油箱相连接，挥发的汽油蒸气被吸附在活性炭上。发动机工作时，活性炭罐电磁阀通电打开，被吸附在活性炭上的汽油蒸气即可被吸入汽缸并燃烧。

2)电动燃油泵

电动燃油泵的作用是把燃油从燃油箱内吸出并通过喷油器供给发动机各汽缸。

在电控燃油喷射系统中，最常用的是内置式燃油泵，即燃油泵安装在燃油箱内。内置式燃油泵不易发生气阻和漏油现象，对泵的自吸性能要求较低，故应用广泛。内置式燃油泵主要有叶片式和滚柱式两种。

(1)叶片式电动燃油泵。叶片式电动燃油泵结构和工作原理如图6-4所示。叶轮是一个圆平板，在平板的圆周加工有小槽，形成泵油叶片。当叶轮旋转时，圆周小槽内的燃油随同叶轮一同高速旋转。由于离心力的作用，出油口处压力增高，而在进油口处产生真空，从而使燃油在进油口处被吸入，在出油口处被排出，这样周而复始地完成燃油的输送。叶片式电动燃油泵具有运转噪声小，油压脉动小，泵油压力高，叶片磨损小，使用寿命长等优点。

(2)滚柱式电动燃油泵。滚柱式电动燃油泵如图6-5所示，转子偏心地安装在泵体内，滚柱装在转子的凹槽中。在永磁电动机的驱动下，当转子旋转时，滚柱在离心力的作用下紧压在泵体的内表面上，同时在惯性力的作用下，滚柱总是与转子凹槽的一个侧面贴紧，从而形成若干个封闭的工作腔。

在燃油泵工作过程中,进油口一侧的工作腔容积增大,成为低压吸油腔,燃油经进油口被吸入工作腔内。在出油口一侧的工作腔容积减小,成为高压压油腔,高压燃油从压油腔经出油口流出。油泵转子每转一圈,其排出的燃油就要产生与滚柱数目相同的压力脉动,故在出口处装有油压缓冲器,以减小出口处的油压脉动和运转噪声。

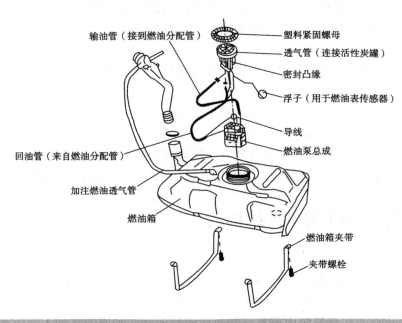

图6-2 带附件的燃油箱

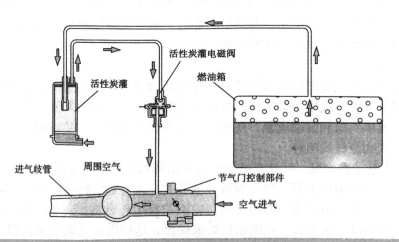

图6-3 燃油箱蒸发排放控制装置

止回阀的作用主要用于防止燃油倒流,并可保持管路残余压力,以便发动机下次容易起动,并可防止由于温度较高,油路产生的气阻现象。若油泵输出压力超过400kPa时,安全阀会自动打开,高压燃油可回至油泵的进油室,并在油泵和电动机内循环,以此可避免由于油路堵塞而引起管路油压过高造成管路破裂或燃油泵损坏等现象。滚柱式电动燃油泵运转时，噪声大，油压脉动也大，而且泵体内表面和转子容易磨损。

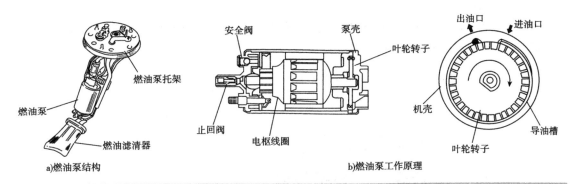

图6-4 叶片式电动燃油泵

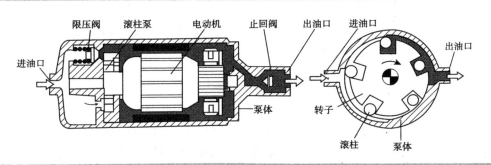

图6-5 滚柱式电动燃油泵

3）燃油滤清器

燃油滤清器（图6-6）可清除燃油中的杂质，防止堵塞喷油器等部件，减少运动部件的磨损。

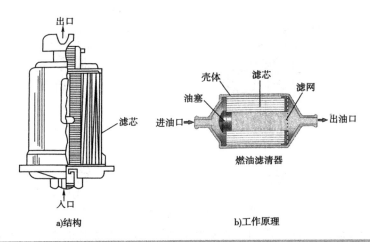

图6-6 燃油滤清器

燃油滤清器与普通的滤清器一样，采用过滤形式，壳体内有一个纸滤芯。滤芯的形式通常有两种，即菊花形和涡卷形。燃油滤清器的滤芯应根据车辆行驶里程和使用的燃油质量情况及时更换，以确保发动机稳定行驶，提高可靠性。

4) 燃油分配管

燃油分配管（图6-7）的功用是将燃油均匀、等压地输送给各缸喷油器。由于它的容积较大，故有储油蓄压和减缓油压脉动的作用。

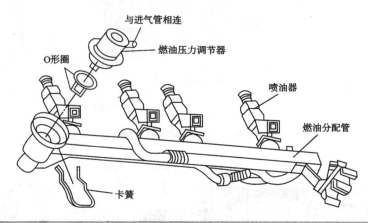

图6-7　燃油分配管

5) 燃油压力调节器

燃油压力调节器一般安装在燃油分配管上，其作用是根据进气歧管内绝对压力的变化来调节系统油压（燃油分配管油压），保持喷油器的喷油绝对压力恒定，使喷油器的燃油喷射量只取决于喷油器的开启时间。

燃油压力调节器（图6-8）有金属壳体，其内部由橡胶膜片分为弹簧室和燃油室两部分。弹簧室内有一个带预紧力的螺旋弹簧，它作用在膜片上。膜片上安装有一个阀，以控制回油。另外，一根真空管与进气歧管相连。

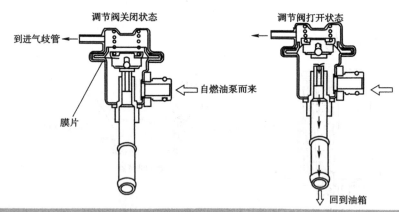

图6-8　燃油压力调节器

当系统油压超过规定值时，燃油压力克服弹簧压力，将膜片向上压，以打开阀门，与回油通道接通，燃油流回燃油箱，系统压力降低，系统油压又回到规定值。

如果进气歧管真空度变大，为了维持燃油分配管内部与进气歧管内部的压力差恒定，就必须降低系统油压。把进气歧管真空度引入弹簧室，减少膜片上方螺旋弹簧的作用力，进而减少打开阀门的压力，使系统油压下降到规定值。

当电动燃油泵停止工作时，在膜片和螺旋弹簧力的作用下使阀门关闭，保持油路中的残余压力。

6）电磁喷油器

电磁喷油器是发动机电控燃油喷射系统的一个重要的执行元件，它接收ECU送来的喷油脉冲信号，准确地计量燃油喷射量，同时，将燃油喷射后雾化。

轴针式电磁喷油器（图6-9）安装在燃油分配管上，主要由轴针、针阀、衔铁、复位弹簧及电磁线圈等组成。针阀与衔铁制成整体结构，针阀上端安装一复位弹簧。当电磁喷油器停止工作时，弹簧弹力使针阀复位，阀针关闭，轴针压靠在阀座上起到密封作用，防止燃油泄漏。滤网用于过滤燃油中的杂质，O形密封圈起到密封作用，上部密封圈防止燃油泄漏，下部密封圈防止漏气。

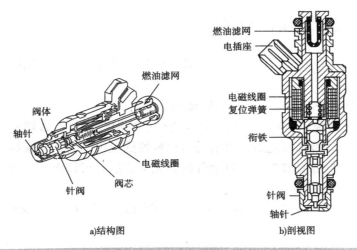

图6-9 轴针式电磁喷油器

当电磁线圈通电时，电磁吸力使针阀克服复位弹簧的弹力，针阀与轴针上移，阀门打开，燃油便从喷孔喷出。由于燃油压力较高，因此喷出的燃油得到良好雾化。当电磁线圈断电时，电磁吸力消失，针阀与轴针在复位弹簧作用下复位，阀门关闭，喷油停止。

任务二　燃油滤清器的更换

一　实训准备

1 实训器材

五菱荣光汽车（见图2-28）、举升机（见图2-29）、组合工具（见图2-39）、扭力扳手（见

图2-76)、CH-0011油管卡箍钳、接油容器、转向盘护套、变速杆手柄套、座位套、脚垫、翼子板和前格栅磁力护裙等。

2 准备工作

(1)汽车进入工位前,将工位清理干净,准备好相关的器材。
(2)将汽车停驻在举升机中央位置(见图2-30)。
(3)拉紧驻车制动器操纵杆(见图2-31),并将变速杆置于空挡位置。
(4)套上转向盘护套、变速杆手柄套和座位套,铺设脚垫(见图2-32)。
(5)在车内拉动发动机舱盖手柄(见图2-33)。
(6)在车外打开并支撑发动机舱盖(见图2-34)。
(7)粘贴翼子板和前格栅磁力护裙(见图2-35)。

■ 维修燃油供给系统注意事项

(1)在维修燃油系统时,应盖住接头并堵住孔洞,以防灰尘和其他污染物从敞开的管路或其他通道进入。
(2)在维修燃油系统时,一定要保持燃油系统的清洁。
(3)在释放燃油系统压力时,严禁在发动机处于高温时进行,否则对三元催化转化器有不利影响;在燃油管被拆开之后,可能会有少量燃油流出,为了避免拆卸时对人员造成伤害,应用布盖住要拆卸的接头。当拆卸件组装完毕之后,将该布放入指定的容器内,不要随地丢弃,以免污染环境或引发火灾。

注意:五菱荣光汽车行驶7500km(5个月)、3万km(18个月)、6万km(36个月)需要更换燃油滤清器。

■ 燃油滤清器的拆卸

(1)释放燃油系统压力。
①确认发动机冷却后,将变速杆放置在空挡位置,拉起驻车制动器。
②拆下燃油泵继电器(图6-10)。
③旋开燃油箱盖总成,释放燃油箱内的燃油蒸气,降低燃油箱内的压力,然后重新装上燃油箱盖总成。
④起动发动机,释放燃油压力,直到将管路内剩余燃油消耗完为止,此时燃油管路处于安全维修状态。
(2)举升车辆(见图5-20)。在燃油滤清器总成的下方放一个接油的容器。
(3)拆下护板(图6-11)。
(4)露出汽油滤清器(图6-12)。
(5)如图6-13所示,用专用卡钳拆下油路中燃油滤清器总成两端的一次性夹箍,拔出软管,将剩余的燃油滴漏在指定的容器中。

（6）如图6-14所示，松开燃油滤清器支架螺栓，取下燃油滤清器总成。

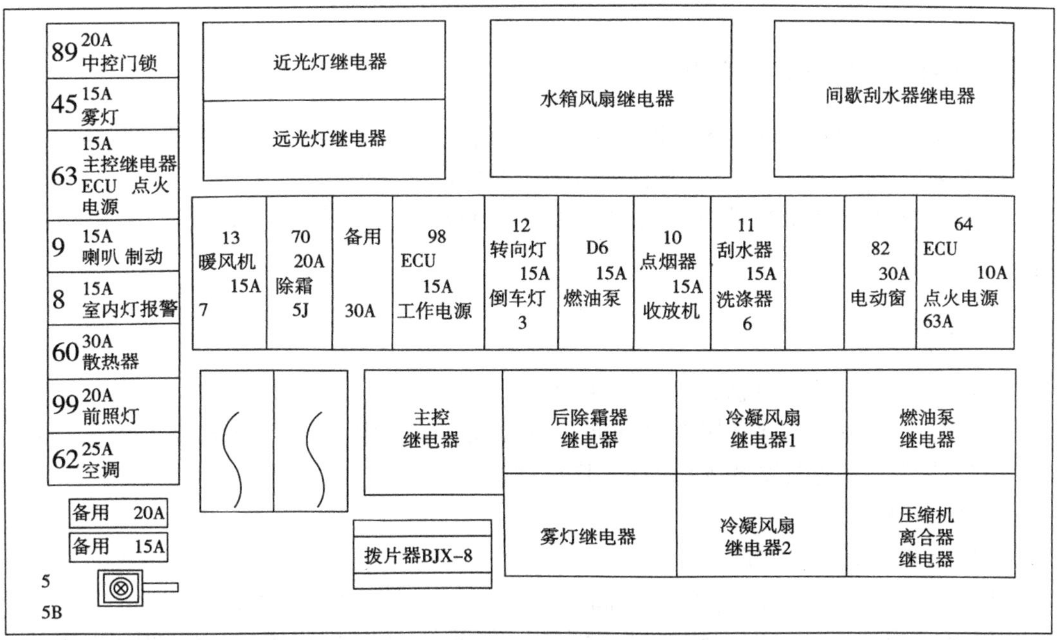

89 20A 中控门锁	近光灯继电器	水箱风扇继电器		间歇刮水器继电器	
45 15A 雾灯	远光灯继电器				
63 15A 主控继电器 ECU 点火 电源					
9 15A 喇叭 制动	13 暖风机 7	70 20A 除霜 5J	备用 30A	98 ECU 15A 工作电源	12 转向灯 15A 倒车灯 3	D6 15A 燃油泵	10 点烟器 15A 收放机	11 刮水器 15A 洗涤器 6	82 30A 电动窗	64 ECU 10A 点火电源 63A
8 室内灯报警
60 30A 散热器
99 20A 前照灯	) (	主控 继电器	后除霜器 继电器	冷凝风扇 继电器1	燃油泵 继电器
62 25A 空调
备用 20A	拨片器BJX-8	雾灯继电器	冷凝风扇 继电器2	压缩机 离合器 继电器
备用 15A
5 5B				

图6-10 燃油泵继电器位置

图6-11 拆下护板

图6-12 汽油滤清器安装位置

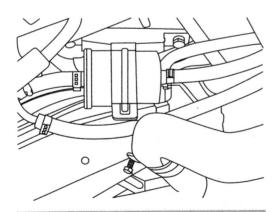

图6-13 拆下燃油滤清器两端的夹箍

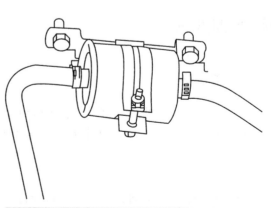

图6-14 拆卸与安装燃油滤清器支架螺栓

四、燃油滤清器的安装

1 燃油滤清器安装注意事项

（1）安装燃油滤清器时，滤清器上箭头标记（图6-12）应朝向汽车行驶前进方向。

（2）拆装燃油滤清器时，必须远离火源，以免发生火灾。

（3）连接燃油滤清器与进出油管的一次性专用卡箍不能随意代用，否则有可能造成油管漏油而引起火灾。

2 安装程序

（1）将新的燃油滤清器总成卡进支架圈内。

（2）将套有新夹箍的软管接上燃油滤清器总成两端，用专用卡钳CH-0011上紧夹箍。

（3）拧紧燃油滤清器安装支架螺栓（图6-14）。

（4）降下车辆。

（5）检查是否有燃油泄漏现象。

①打开点火开关至ON挡，接通燃油泵总成2～3s，然后将它关闭。

②重复上述过程3～4次，建立燃油管内正常压力（直到用手感觉到燃油回油软管内有压力为止）。

③开启点火开关，检查是否有泄漏现象。

（6）重新安装燃油泵继电器。

（7）更换滤清器的同时，检查进出油管端是否有损伤，若损伤宽度超过5mm，深度超过1.5mm，则需要更换油管。

任务三　喷油器的检查与更换

一、实训准备

1 实训器材

五菱荣光汽车（见图2-28）、举升机（见图2-29）、组合工具（见图2-39）、扭力扳手（见图2-76）、转向盘护套、变速杆手柄套、座位套、脚垫、翼子板和前格栅磁力护裙等。

2 准备工作

（1）汽车进入工位前，将工位清理干净，准备好相关的器材。

（2）将汽车停驻在举升机中央位置（见图2-30）。

（3）拉紧驻车制动器操纵杆（见图2-31），并将变速杆置于空挡位置。
（4）套上转向盘护套、变速杆手柄套和座位套，铺设脚垫（见图2-32）。
（5）在车内拉动发动机舱盖手柄（见图2-33）。
（6）在车外打开并支撑发动机舱盖（见图2-34）。
（7）粘贴翼子板和前格栅磁力护裙（见图2-35）。

二、喷油器的外观检查

（1）检查发动机燃油管路及喷油器和发动机燃油分配管结合处有无漏油痕迹。
（2）如图6-15所示，检查喷油器插接件是否完好、连接是否松动。

三、喷油器的更换

1 喷油器的拆卸

（1）将燃油分配管总成从进气歧管上拆下。
①如图6-16所示，断开线束与各喷油器的接插头。

图6-15　检查喷油器插接件

②从燃油分配管上取下进出油管。注意：系统的燃油一直处在高压之下，在拆卸进出油管之前，必须按规定程序释放燃油压力。
③拧开燃油分配管同进气歧管的连接螺栓。
④小心地将燃油分配管取下。
（2）如图6-17所示，从燃油分配管的喷油器上拆下喷油器夹子。

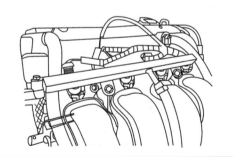

图6-16　断开与连接线束与各喷油器的接插头

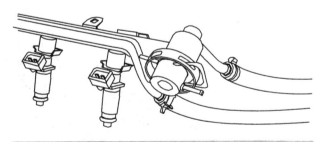

图6-17　拆卸与安装喷油器夹子

（3）小心地将喷油器从燃油分配管上拆下。

2 喷油器的安装

（1）在喷油器O形圈周围涂润滑油，仔细将喷油器插入燃油分配管中，使卡槽刚好完全露出安装孔，且喷油器的电极接头朝上，检查密封环是否偏出或打结。

（2）将喷油器夹子安装到燃油分配管上，并检查喷油器是否牢固不松脱（见图6-17）。
（3）将燃油分配管安装到进气歧管上。
①将喷油器安装到燃油分配管上。
②装上燃油分配管紧固螺栓，紧固燃油分配管紧固螺栓至（10±2）N·m。
③将进出油管接到燃油分配管上。
④将真空软管连接到燃油压力调节器上。
⑤将各喷油器的接插头同线束连接起来（见图6-16）。

工 作 页

第一部分　理 论 知 识

1.目前汽油机多采用电子控制式燃油喷射系统（一般称为电控燃油喷射系统），它是根据发动机各工况的不同要求，配制一定数量和浓度的可燃混合气并将其供入汽缸，使之在压缩终了时点火、燃烧而膨胀作功，最后将燃烧后的废气气排入大气中。

燃油供给系统的作用是_____。
将图中部件名称填入表格中。

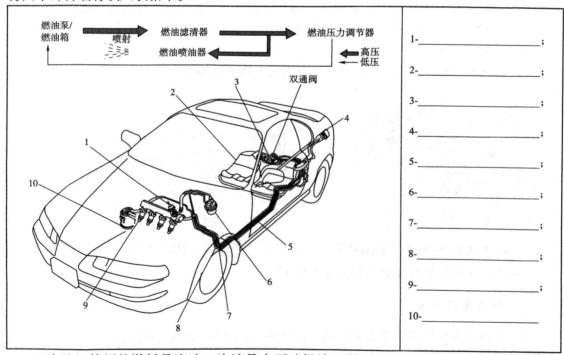

1-_____；
2-_____；
3-_____；
4-_____；
5-_____；
6-_____；
7-_____；
8-_____；
9-_____；
10-_____

2.汽油机使用的燃料是汽油，汽油是由石油提炼而得到的、密度小又易于挥发的液体燃料，汽油由多种碳氢化合物组成，基本成分是，碳的体积百分数为_____，氢的体积百分数为_____。汽油的主要性能指标有_____、_____和_____。

3.我国车用汽油分类主要以辛烷值为基础，测定辛烷值的方法有马达法和研究法。目前我国用研究法辛烷值（RON）表示汽油的牌号，如_____、_____和_____号。压缩比高的发动机选用辛烷值高的汽油，反之，可选用辛烷值低的汽油。汽油牌号越高，其抗爆性越好，但价格也越贵。

4.燃油箱蒸发排放控制装置作用是_____。
将图中部件名称填入表格中。

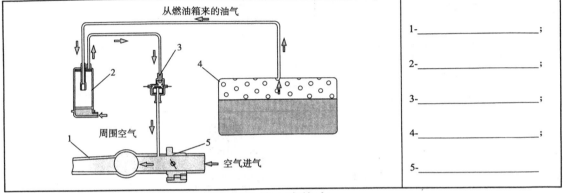

1-_____；
2-_____；
3-_____；
4-_____；
5-_____。

5.将图中滚柱式电动燃油泵部件名称填入表格中。

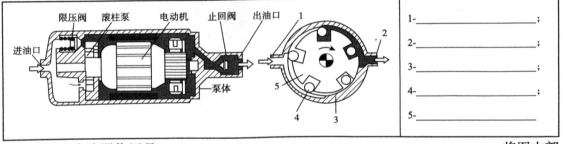

1-_____；
2-_____；
3-_____；
4-_____；
5-_____。

6.燃油滤清器作用是_____。将图中部件名称填入表格中。

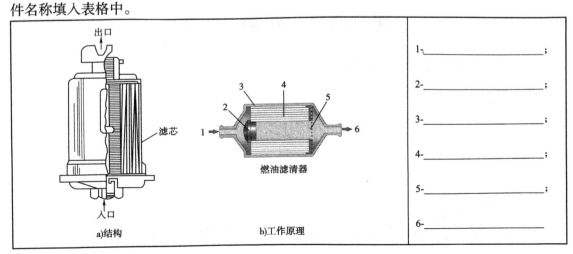

a)结构　　　b)工作原理

1-_____；
2-_____；
3-_____；
4-_____；
5-_____；
6-_____。

7.燃油分配管作用是_____。

将图中部件名称填入表格中。

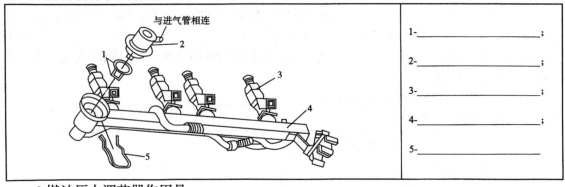

1-_____;
2-_____;
3-_____;
4-_____;
5-_____。

8.燃油压力调节器作用是_____。

9.电磁喷油器作用是_____。

将图中部件名称填入表格中。

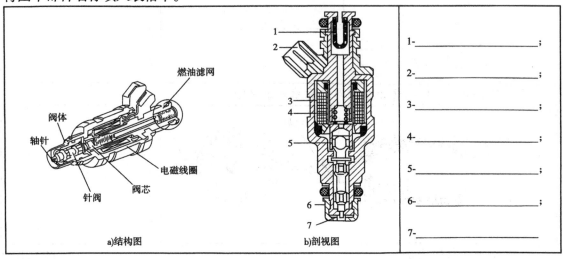

a)结构图　　b)剖视图

1-_____;
2-_____;
3-_____;
4-_____;
5-_____;
6-_____;
7-_____。

第二部分　实　践　操　作

1.简述燃油滤清器的更换方法。

2.喷油器的外观检查。

（1）检查发动机燃油管路及喷油器和发动机燃油分配管结合处有无漏油痕迹。

检查记录：_____。

（2）检查喷油器插接件是否完好，连接是否松动。

检查记录：

3.简述喷油器的检查与更换方法。

第三部分　评价与反馈

考核项目	评分标准	分　数	学生自评	小组互评	教师评价	小　计
团队合作	是否和谐	5				
活动参与	是否积极主动	5				
安全生产	有无安全隐患	10				
现场5S	是否做到	10				
任务方案	是否合理	15				
操作过程	燃油滤清器的更换；喷油器的检查与更换	30				
任务完成情况	是否圆满完成	5				
工具和设备使用	是否规范、标准	10				
劳动纪律	是否能严格遵守	5				
工单填写	是否完整、规范	5				
总　分		100				
教师签名：				年　月　日	得　分	

项目七　空气供给系统和排气系统的构造与维修

任务一　空气供给系统和排气系统的认知

一、空气供给系统和排气系统的功用和组成

空气供给系统和排气系统在汽车上的布置如图7-1所示。

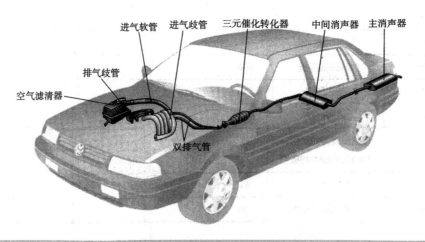

图7-1　空气供给系统和排气系统在汽车上的布置

1　空气供给系统

空气供给系统的作用是为发动机可燃混合气的形成提供必要的空气，并计量和控制燃

油燃烧时所需要的空气量。空气供给系统如图7-2所示，空气经空气滤清器、空气流量计、节气门体进入进气总管，再分配到各缸进气歧管。在进气歧管内（或进气门处），空气与喷油器喷出的燃油混合后被吸入汽缸内燃烧。

2 排气系统

排气系统的作用是将发动机燃烧作功后的废气排到大气中。排气系统（图7-3）主要由排气歧管、排气消声器等组成，电控燃油喷射系统汽油机的排气系统多带有三元催化转换器。

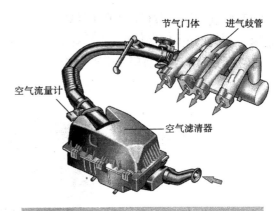

图7-2 空气供给系统

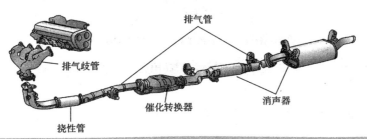

图7-3 排气系统的组成

空气供给系统主要部件的构造

1 空气滤清器

空气滤清器是用来滤清空气中所含的尘土，以减少汽缸、活塞、活塞环等零件的磨损，延长发动机的使用寿命。

空气滤清器的种类很多，图7-4为纸质干式空气滤清器，它是通过用树脂处理的纸质滤芯对空气进行过滤。纸质滤芯的寿命取决于纸面大小（通常成波折状以提高过滤面积）及空气本身的清洁程度，一般可连续使用10000~50000km。纸质滤芯不能清洗，脏污时可用压缩空气吹去灰尘，严重时必须更换。纸质干式滤清器质量轻、结构简单、安装及维护方便、滤清效果好，因此在汽车上得到广泛应用。

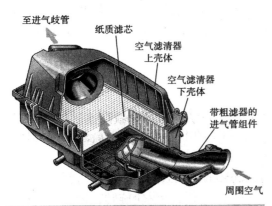

图7-4 纸质干式空气滤清器

2 节气门体

节气门体（图7-5）是安装调节控制吸入发动

机的空气的节气门部件，节气门体主要由节气门、用于检测节气门开闭状态的节气门位置传感器、节气门定位电位计、节气门定位器（电动机）、节气门电位片和怠速开关等组成。汽车在正常行驶时，空气流量由节气门控制，而节气门则是驾驶员通过加速踏板操纵。

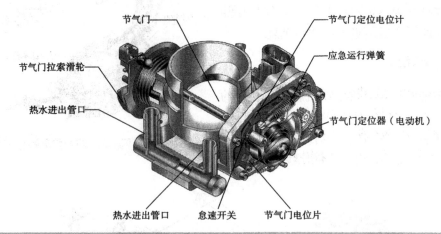

图7-5 节气门体

3 进气歧管与稳压箱

进气歧管的结构如图7-6所示。进气歧管的功用是将空气或可燃混合气引入汽缸，并保证进气充分及各缸进气量均匀一致。进气歧管多用铝合金或铸铁制造，有些也采用复合塑料制作。有些轿车进气歧管前还设有稳压箱（也称共鸣腔、谐振腔），稳压箱的功用是消除进气压力脉动，保证各缸混合气分配均匀。

4 可变进气系统

为提高进气效率，在一些汽油机电控燃油喷射系统中采用了可变进气系统。可变进气系统结构如图7-7所示，其工作原理如图7-8所示。

发动机在低转速时，进气控制阀门关闭，气流需经过较长的进气歧管进入汽缸，这样可利用进气的流动惯性来提高进气效率，使发动机在低转速下获得较大的转矩；在高转速时，则是通过打开控制阀门来减小进气阻力，气流经过较短的进气歧管进入汽缸，从而提高进气效率，以获得较高的最大输出功率。

5 废气涡轮增压系统

废气涡轮增压是指利用发动机排出的高温高压废气能量驱动涡轮做高速旋转，带动同轴上的压气机，对燃烧所需的空气进行预压缩，这样，在发动机排量和转速不变的情况下，增加了流入发动机的空气量，提高了进气效率，因而可提高发动机的功率。

可调叶片式涡轮增压系统如图7-9所示，它包括同轴的涡轮与压气机叶轮。涡轮与压气机叶轮上有很多叶片，从汽缸排出的废气直接进入涡轮，并推动涡轮旋转，带动压气机叶轮旋转，把吸入的空气增压，送入汽缸。由于利用高温废气进行增压，涡轮增压器温度较高，经压缩的空气温度也较高，因而会使进气密度减少，对提高进气效率不利。因此，需要在压缩空气出口到进气歧管之间安装冷却器(中冷器)，冷却压缩空气，提高其密度。

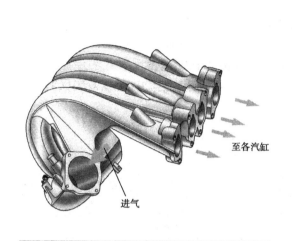

图7-6 进气歧管的结构

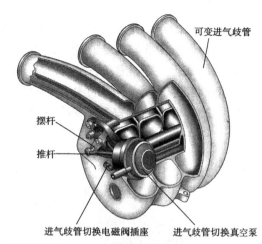

图7-7 可变进气系统的结构

可调叶片式涡轮增压系统能够在发动机工作的整个范围内调整进气增压的压力。当发动机转速低时，叶片开度减小，减小废气流通截面，使废气流速增加，提高废气涡轮转速，增加进气压力；当发动机转速高时，叶片开度增大，增加废气流通截面，使废气流速降低，维持废气涡轮转速在正常范围内，保证进气压力的稳定。

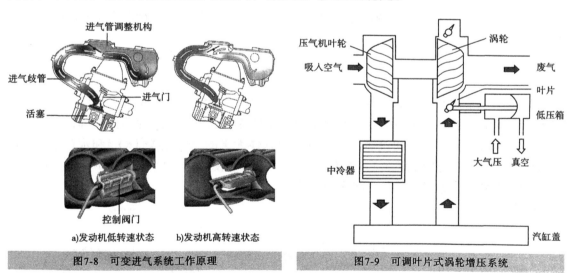

图7-8 可变进气系统工作原理　　图7-9 可调叶片式涡轮增压系统

三、排气系统主要部件的构造

1. 排气歧管

从汽缸盖上各缸的排气孔到各缸独立管的汇集处的管道总成叫排气歧管(图7-10)。排气歧管一般都采用成本低，耐热性、保温性较好的铸铁制成。

2 排气消声器

排气消声器的作用是消除废气中的火星及火焰，降低排气噪声。

排气消声器有吸收、反射两种基本的消声方式，如图7-11所示。吸收式消声器是通过废气在玻璃纤维、钢纤维和石棉等吸音材料上的摩擦而减少其能量。反射式消声器则是多个串联的谐调腔与长度不同的多孔反射管相互连接在一起，废气在其中经过多次反射、碰撞、膨胀、冷却而降低压力，减轻振动。

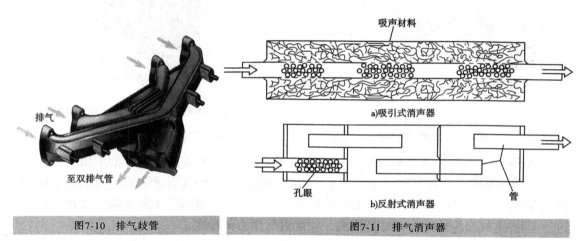

图7-10 排气歧管　　　　图7-11 排气消声器

汽车上实际使用的排气消声器，多数是综合利用不同的消声原理组合而成的，如图7-12所示。

3 三元催化转化器

三元催化转化器结构如图7-13所示，其内部为一个圆柱形反应柱，反应柱由很多孔径较小的直管组成，反应柱的所有表面都用白金系列催化剂镀膜。这种催化剂可将一氧化碳（CO）和碳氢化合物（HC）通过氧化反应变成对人体无害的二氧化碳（CO_2）和水（H_2O），将氮氧化合物（NO_x）还原成氮气（N_2）和氧气（O_2）。为了使尾气达到一定的环境保护标准，大多数汽油发动机都配备了三元催化转化器。

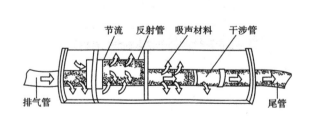

图7-12 组合式消声器　　　　图7-13 三元催化转化器

任务二　空气滤清器滤芯的清洁与更换

一、实训准备

1. 实训器材

（1）吹气枪（图7-14）。
（2）其他工具及器材：五菱荣光汽车（见图2-28）、举升机（见图2-29）、组合工具（见图2-39）、扭力扳手（见图2-76）、螺丝刀、转向盘护套、变速杆手柄套、座位套、脚垫、翼子板和前格栅磁力护裙等。

2. 准备工作

（1）汽车进入工位前，将工位清理干净，准备好相关的器材。
（2）将汽车停驻在举升机中央位置（见图2-30）。
（3）拉紧驻车制动器操纵杆（见图2-31），并将变速杆置于空挡位置。
（4）套上转向盘护套、变速杆手柄套和座位套，铺设脚垫（见图2-32）。
（5）在车内拉动发动机舱盖手柄（见图2-33）。
（6）在车外打开并支撑发动机舱盖（见图2-34）。
（7）粘贴翼子板和前格栅磁力护裙（见图2-35）。

图7-14　吹气枪

二、空气滤清器滤芯的清洁与更换

（1）搬开座椅锁定开关，搬开驾驶员座椅和乘客座椅，露出发动机总成（见图3-92）。
（2）拆卸汽缸罩盖上的装饰盖的螺栓（见图3-93），取下装饰盖。
（3）拔下各缸的高压线（见图3-94）。
（4）拆下汽缸盖罩上的固定螺栓（见图3-95）。
（5）取下汽缸盖罩露出配气机构（见图3-96）。
（6）拆下空气滤清器盖的紧固螺栓（图7-15）。
（7）掀开空气滤清器盖并取出空气滤清器滤芯（图7-16）。
（8）用压缩空气逆向清洁空气滤清器滤芯（图7-17）。
（9）汽车每行驶22500km（或13.5个月）应更换空气滤清器滤芯。在多尘或恶劣条件下行驶车辆，应缩短清洁、更换滤清器滤芯间隔时间。

项目七 空气供给系统和排气系统的构造与维修

（10）安装好空气滤清器滤芯后，拧紧空气滤清器盖的紧固螺栓。注意：确保空气滤清器壳体完全配合后（图7-18），再拧紧螺栓。

图7-15 拆下空气滤清器盖的紧固螺栓

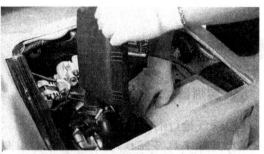
图7-16 取出空气滤清器滤芯

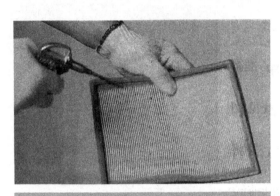
图7-17 清洁空气滤清器滤芯

图7-18 确保空气滤清器壳体完全配合

（11）安装汽缸盖罩上的固定螺栓，紧固汽缸盖罩上的固定螺栓至8~12N·m（见图3-100）。

（12）插入各缸高压导线（见图3-101）。

（13）安装汽缸罩盖上的装饰盖。紧固汽缸罩盖上的装饰盖的螺栓（见图3-102）。

（14）将驾驶员座椅和乘客座椅复位。

任务三 加速踏板拉索的检查与更换

一、实训准备

1 实训器材

五菱荣光汽车（见图2-28）、举升机（见图2-29）、组合工具（见图2-39）、扭力扳手（见图2-76）、转向盘护套、变速杆手柄套、座位套、脚垫、翼子板和前格栅磁力护裙等。

2 准备工作

（1）汽车进入工位前，将工位清理干净，准备好相关的器材。
（2）将汽车停驻在举升机中央位置（见图2-30）。
（3）拉紧驻车制动器操纵杆（见图2-31），并将变速杆置于空挡位置。
（4）套上转向盘护套、变速杆手柄套和座位套，铺设脚垫（见图2-32）。
（5）在车内拉动发动机舱盖手柄（见图2-33）。
（6）在车外打开并支撑发动机舱盖（见图2-34）。
（7）粘贴翼子板和前格栅磁力护裙（见图2-35）。

二、加速踏板拉索的检查与调整

1 加速踏板拉索的检查

（1）检查加速器拉索总成磨损情况，如有损坏、断裂应更换。
（2）检查加速器拉索两端、踏板旋转轴和弹簧表面的润滑情况，适当涂加润滑脂。

2 加速踏板拉索的调整

（1）旋转调整螺母并按图7-19所示箭头方向推动套接头，直至节气门体总成的节气门即将开启，然后将调整螺母拧回一圈并拧紧锁紧螺母。
（2）踩动加速踏板，检查节气门开度，加速踏板应能控制节气门由全闭位置到全开位置的全过程。
（3）调整加速踏板焊合件底部螺栓M6的高度，使节气门完全开启时，加速踏板焊合件刚好触及螺栓头部，调整好后拧紧螺母M6，装上缓冲垫。

三、加速踏板拉索的更换

1 加速踏板拉索的拆卸

（1）如图7-20所示，断开拉索与加速踏板的连接。
（2）翻转右前座椅，拆卸节气门调整螺母，断开拉索与节气门的连接。
（3）适当升起车辆，松开加速拉索固定线夹。
（4）从下部取出加速拉索总成。

2 加速踏板拉索的安装

（1）连接加速踏板与拉索。
（2）将拉索从驾驶室地板穿过，安装加速踏板拉索固定线夹。
（3）连接加速踏板拉索与节气门。

项目七　空气供给系统和排气系统的构造与维修

（4）检查与调整加速踏板拉索长度。

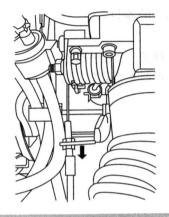

图7-19　加速踏板拉索的调整

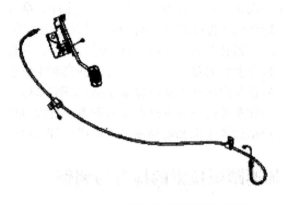

图7-20　断开拉索与加速踏板的连接

工　作　页

第一部分　理　论　知　识

1．将图中空气供给系统和排气系统的零部件名称填入表格中。

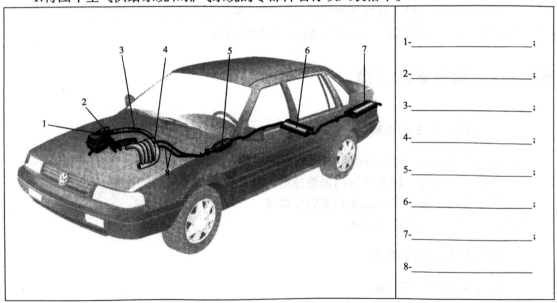

1-_____；

2-_____；

3-_____；

4-_____；

5-_____；

6-_____；

7-_____；

8-_____

2．空气供给系统的作用是_____。
将图中部件名称填入表格中。

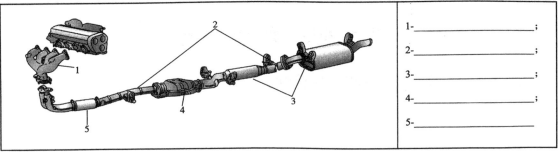

| 1- _____ ; |
| 2- _____ ; |
| 3- _____ ; |
| 4- _____ |

3.排气系统的作用是_____。

将图中部件名称填入表格中。

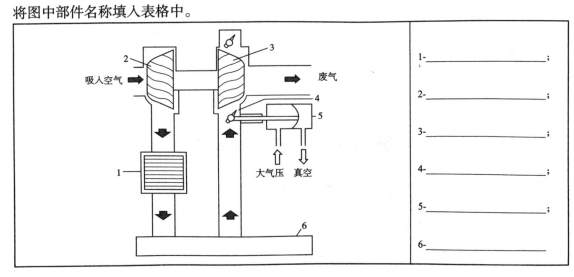

| 1- _____ ; |
| 2- _____ ; |
| 3- _____ ; |
| 4- _____ ; |
| 5- _____ |

4.空气滤清器作用是_____。

5.节气门体作用是_____。

节气门体主要由_____、_____、_____、_____、

_____和_____等组成。

6.废气涡轮增压作用是_____。

将图中部件名称填入表格中。

| 1- _____ ; |
| 2- _____ ; |
| 3- _____ ; |
| 4- _____ ; |
| 5- _____ ; |
| 6- _____ |

7. 排气消声器作用是_____。

8. 三元催化转化器的作用是_____。

将图中部件名称填入表格中。

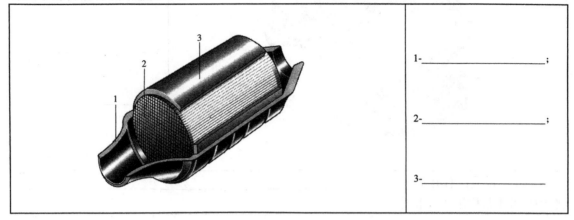

1-_____；

2-_____；

3-_____

第二部分　实　践　操　作

1. 简述空气滤清器滤芯的清洁与更换方法。

2. 简述加速踏板拉索的检查与更换方法。

第三部分　评价与反馈

考核项目	评分标准	分　数	学生自评	小组互评	教师评价	小　计
团队合作	是否和谐	5				
活动参与	是否积极主动	5				

续上表

考核项目	评分标准	分数	学生自评	小组互评	教师评价	小计
安全生产	有无安全隐患	10				
现场5S	是否做到	10				
任务方案	是否合理	15				
操作过程	空气滤清器滤芯的清洁与更换；加速踏板拉索的检查与更换方法	30				
任务完成情况	是否圆满完成	5				
工具和设备使用	是否规范、标准	10				
劳动纪律	是否能严格遵守	5				
工单填写	是否完整、规范	5				
总分		100				
教师签名：			年 月 日		得 分	

项目八 电子控制系统的构造与维修

项目八 电子控制系统的构造与维修

任务一 电子控制系统的认知

一、电子控制系统的功用和组成

电子控制系统的功用是根据发动机运转状况和车辆运行状况确定燃油最佳喷射量和最佳点火提前角。此外，还可进行急速控制、排放控制和故障自诊断等。电子控制系统由传感器、电子控制单元（ECU）、执行器三部分组成，桑塔纳2000GSi型轿车AJR发动机电控燃油喷射系统各部件安装位置如图8-1所示，其控制图如图8-2所示。

电子控制系统的核心是ECU，ECU根据发动机中各种传感器送来的信号控制喷油时间、点火正时等。传感器监测发动机的实际工况，计量各种信号并传输给ECU，ECU输出的各种控制指令由执行器执行。

二、电子控制系统主要部件的构造

1 传感器

传感器用来测量或检测反映发动机运行状态下的各种物理量、电量和化学量等，并将它们转换成计算机能接受的电信号后再送给ECU。常用的传感器主要有空气流量计、进气歧管绝对压力传感器、发动机转速与曲轴位置传感器、温度传感器（包括冷却液温度传感器、进气温度传感器和排气温度传感器等）、节气门位置传感器、氧传感器、爆震传感器等。另外，还有各类开关、继电器等。

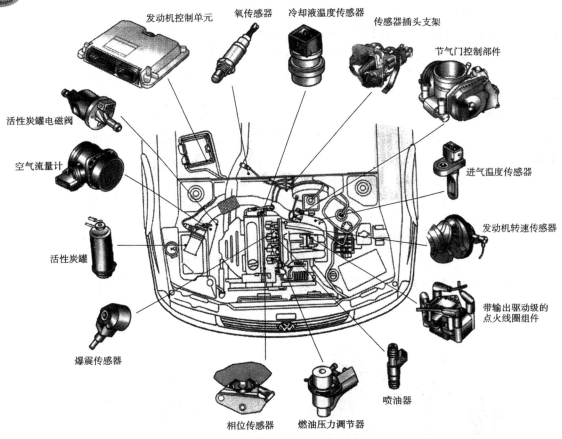

图8-1 电控燃油喷射系统各组件的安装布置图

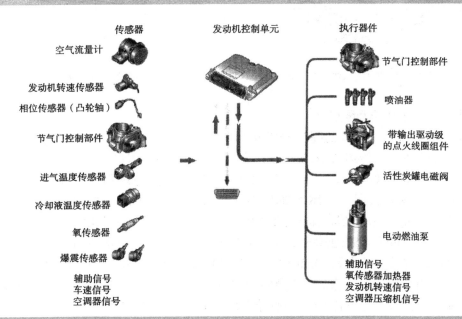

图8-2 桑塔纳2000GSi型轿车AJR发动机电控燃油喷射系统控制图

1) 空气流量计

空气流量计是测量发动机进气量，确定基本喷油量的主要依据之一。空气流量计设置在空气滤清器与节气门体之间，也有的安装在空气滤清器上，还有的将空气流量计与节气门体制作成一体安装在发动机上。目前，常用的是热线式空气流量计和热膜式空气流量计。

(1)热线式空气流量计。热线式空气流量计的结构如图8-3所示，热线是圆筒内保持100℃的电线，由于进入发动机的空气会冷却热线，因此测量出热线保持100℃所需的电流就可以算出空气流量。

这种空气流量计可以直接测量进气空气的质量流量，无需进行进气温度和大气压力修正，无运动部件，进气阻力小，响应特性较好，可正确测出急减速时空气进气量。

(2)热膜式空气流量计。热膜式空气流量计(图8-4)的结构和工作原理与热线式基本相同，只是将发热体由热线式改为热膜式，热膜由发热金属铂固定在薄的树脂膜上构成。这种结构可使发热体不直接承受空气流动所产生的作用力，增加了发热体的强度，提高了使用寿命，它的金属网用于产生微观紊流，以使测量信号稳定。由于这些优点，使它的应用更为广泛。

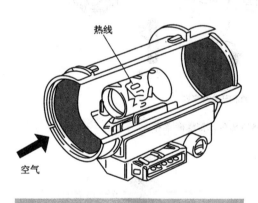

图8-3 热线式空气流量计

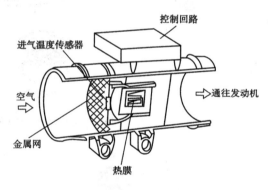

图8-4 热膜式空气流量计

2)进气歧管绝对压力传感器

电控燃油喷射系统可通过进气歧管压力和发动机转速推算发动机进气量。进气歧管压力的测定靠绝对压力传感器完成。进气歧管绝对压力传感器种类较多，就其信号产生原理，可分为半导体压敏电阻式、电容式、膜盒传动的可变电感式和表面弹性波式等。

半导体压敏电阻式压力传感器如图8-5所示，它是利用半导体的压电效应原理制成的，这种传感器是将硅片的周边固定在基座上，再将整体封入一壳体内，并在壳体内形成真空，当通道口与进气管相连接时，进气管内的压力就会使传感器内的膜片产生压力，此时由应变电阻组成的电桥电路就会输出与进气管内压力成比例的电压。由于基准压力是真空的压力，使用这种压力传感器可以测定出绝对压力。该传感器具有体积小、精度高、成本低、可靠性、抗振性好等特点，在现代汽车上得到了广泛应用。

由于压力传感器结构和测量原理的要求，压力传感器安装在振动较小的车身处，用一根橡胶管作为取气管与进气总管相连。

3) 发动机转速与曲轴位置传感器

发动机转速与曲轴位置传感器用以提供发动机的转速、曲轴转角位置及汽缸行程位置信号，以此确定发动机的基本喷油时刻、喷油量及点火时刻。发动机转速与曲轴位置传感器可分为磁电式、光电式和霍尔式三种类型。此外，就其安装部位来看，有的安装在曲轴前端，有的安装在凸轮轴前端或分电器内以及飞轮上。车型不同，其所采用的结构形式也有所不同，所以也有曲轴位置传感器或凸轮轴位置传感器之说，两者的原理和结构形式基本相同，只是安装位置有所区别而已。

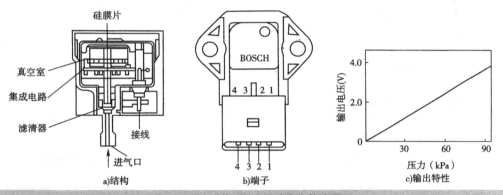

图8-5 半导体压敏电阻式压力传感器

磁电式曲轴转速传感器(图8-6)负责采集曲轴转角位置和发动机转速信号。在曲轴上有一个靶轮，靶轮上有60个齿，传感器对它进行扫描。当靶轮经过传感器时，产生一个交变电压信号，其频率随发动机转速变化而变化，控制单元根据交变电压的频率识别发动机的转速。在靶轮上有一处缺两个齿，感应传感器扫描到该处，1缸活塞处于上止点前72°，它是作为控制单元识别曲轴转角位置的基准标记。

4) 温度传感器

温度传感器有冷却液温度传感器、进气温度传感器与排气温度传感器等，这些传感器多采用的是负温度系数的热敏电阻式温度传感器，即热敏电阻的阻值随温度的升高而减小。

冷却液温度传感器(图8-7)用来检测发动机冷却液温度，该值用于喷油量和点火时刻的修正。当发动机冷却液温度改变时，传感器向控制单元输送的信号电压也发生改变，从而可获得冷却液的温度状态。

5) 节气门位置传感器

节气门位置传感器通常装在节气门体上，可同时把节气门开度、怠速、大负荷等信号转换成电压信号送至ECU中，以便控制系统根据发动机的各种工况对其喷油量及点火提前角进行最优控制。

线性输出型节气门位置传感器的结构如图8-8a)所示，在传感器上安装了两个与节气门联动的电刷触头，其中一个电刷触头在印刷电路基片上的滑片电阻上滑动，利用电阻值的变化，测得与节气门开度对应的线性输出电压，根据输出的电压值，可知节气门的开度。另一个电刷触头在节气门关闭时与怠速触点IDL接触。IDL信号主要给ECU提供怠速信号,用于断油控制和点火提前角修正。节气门开度输出信号V_{TA}则使ECU对喷油量进行控制,随着节气门开度的增大,节气门开度输出电压线性增大,如图8-8b)所示。

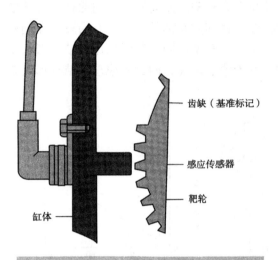

图8-6 曲轴转速传感器

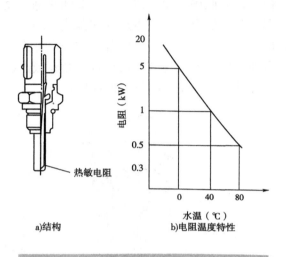

图8-7 冷却液温度传感器

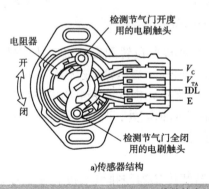

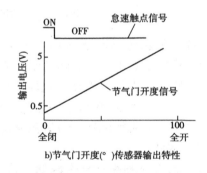

图8-8 线性输出型节气门位置传感器

6)氧传感器

氧传感器(图8-9)是用锆元素制成的元件,其内外表面涂上一层白金作为电极,内外表面分别与外界空气和废气接触。如果废气中没有氧气,氧化锆内外表面电极间的电动势就会迅速增大,根据这种变化,来准确地检测出可燃混合气是否达到了理论可燃混合气浓度,并向ECU提供可燃混合气浓度的反馈信号,以此控制可燃混合气浓度在理想范围之内。

7)爆震传感器

爆震传感器(图8-10)是利用受压后电压改变的压电元件来检测发动机是否发生爆震的传感器,它可有效地抑制发动机爆震现象的发生。爆震传感器将检测出来的爆震程度传给ECU,ECU可及时对发动机的点火提前角进行反馈控制,以此来实现发动机点火时刻的闭环控制。

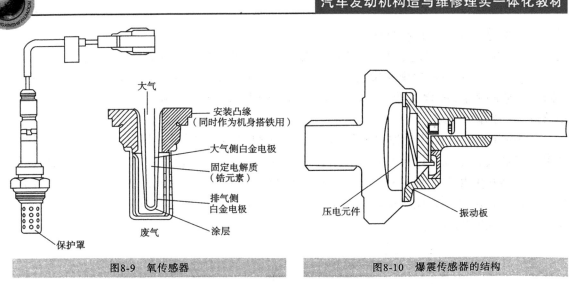

图8-9 氧传感器　　　　　图8-10 爆震传感器的结构

2 控制单元

电子控制单元(ECU)的主要功能是根据发动机运转状况和车辆运行状态对发动机进行精确的控制。

ECU的主要部件是微型电子计算机(简称微机),可实现多功能的高精度集中控制。ECU的基本结构如图8-11所示,其主要由输入回路、A/D转换器(模拟信号/数字信号转换器)、微机和输出回路组成。控制单元是对汽油喷射、点火正时、急速、进气及排放等进行综合控制的发动机管理系统。

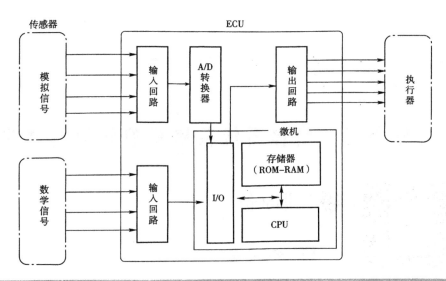

图8-11 发动机电子控制装置的基本结构

(1)输入回路。输入回路对各种输入信号进行预处理,一般包括去杂波,把正弦波转换成矩形波及电平转换等。

(2)A/D转换器。由于微机只能识别数字信号,A/D转换器将模拟信号转换成数字信

项目八 电子控制系统的构造与维修

号后,才能输至微机中进行处理。

(3)微机。微机主要由中央处理器(CPU)、存储器(ROM-RAM)、输入/输出(I/O)装置等组成。微机的功能是根据发动机工作的需要,把各种传感器送来的信号用内存的程序(微机处理的顺序)和数据进行运算处理,并把处理结果(如燃油喷射控制信号、点火控制信号等)送往输出回路。

(4)输出回路。输出回路是微机与执行元件之间的连接桥梁,其主要功用是将微机的处理结果放大,生成可以驱动执行元件工作的控制信号。输出回路一般采用的是功率晶体管,根据微机的指令,通过功率晶体管的导通与截止来控制执行元件的搭铁回路。控制喷油器的输出回路如图8-12所示,当功率晶体管导通时,喷油器通电喷油;当功率晶体管截止时,喷油器断电停油。

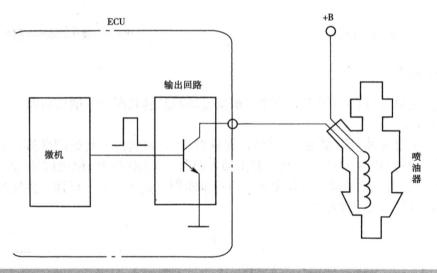

图8-12 控制喷油器的输出回路

任务二 电控系统故障码的读取与清除

图8-13 元征X-431电眼睛

实训准备

1 实训器材

(1)元征X-431电眼睛(图8-13)。
(2)其他工具及器材:五菱荣光汽车(见图2-28)、举升机(见图2-29)、组合工具(见图2-39)、转向盘护套、变速杆手柄套、座位套、脚垫裙等。

2 准备工作

(1)汽车进入工位前,将工位清理干净,准备好相关的器材。
(2)将汽车停驻在举升机中央位置(见图2-30)。
(3)拉紧驻车制动器操纵杆(见图2-31),并将变速杆置于空挡位置。
(4)套上转向盘护套、变速杆手柄套和座位套,铺设脚垫(见图2-32)。

二、故障码(DTC)类型定义

B系列发动机采用的故障类如下:在3个连续点火循环中诊断运行并成功通过后,控制模块将熄灭故障指示灯。当诊断运行并且通过时,则清除当前故障码(即未通过上次测试的故障码)。如果在连续40个预热循环中,该诊断以及其他和排放有关的诊断都成功通过了测试,则清除历史故障码。此时,用故障诊断仪关闭故障指示灯并清除故障码。

三、读取故障码

(1)电子控制系统诊断插座位于汽车仪表板下侧(图8-14)。
(2)将五菱专用检测仪X-431的16针诊断接口与诊断插座连接上(图8-15)。

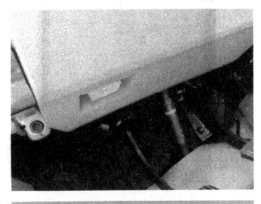
图8-14 读取故障码(1)

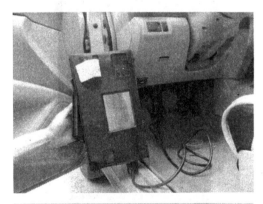
图8-15 读取故障码(2)

(3)点击[开始]选项(图8-16)。
(4)点击选择上汽通用五菱车型(图8-17)。
(5)屏幕显示诊断软件的版本号,点击[确定]选项(图8-18)。
(6)屏幕显示系统程序初始化,当右侧都显示[成功]后,点击[确定]选项(图8-19)。
(7)进入选择菜单,点出[发动机系统]选项(图8-20)之后,选择诊断发动机电控喷射系统。
(8)选择点出车型生产年份选项(图8-21)。
(9)选择点击发动机控制系统所使用的电控系统程序选项(图8-22)。

项目八　电子控制系统的构造与维修

（10）点击[确定]选项（图8-23），选择确定采用的是16针诊断接头。
（11）开始进入发动机电控系统诊断程序初始化（图8-24）。
（12）初始化完成后，屏幕显示诊断功能菜单，点击[读故障码]选项（图8-25）。

图8-16　读取故障码（3）

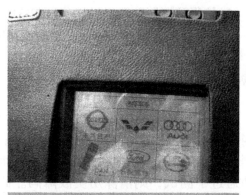
图8-17　读取故障码（4）

图8-18　读取故障码（5）

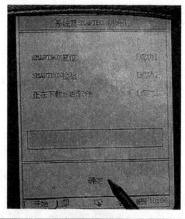
图8-19　读取故障码（6）

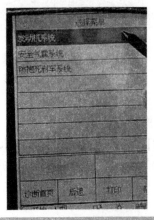
图8-20　读取故障码（7）

图8-21　读取故障码（8）

(13)检查发动机电控系统是否有故障码。如果无故障,屏幕将显示无故障码(图8-26)。

图8-22 读取故障码(9)

图8-23 读取故障码(10)

图8-24 读取故障码(11)

图8-25 读取故障码(12)

(14)如发动机电控系统有故障,故障将以故障码的形式显示在屏幕上(图8-27)。维修人员应先清除故障码,如故障码不能清除,说明电控系统存在故障,需根据故障码提示进行维修。五菱荣光汽车发动机电控系统故障码,见表8-1。

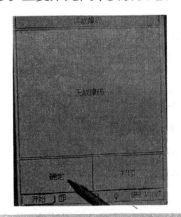
图8-26 读取故障码(13)

图8-27 读取故障码(14)

故障码(DTC)表 表8-1

故障码	内容
P0030	上游氧传感器加热器1阻抗超过极限
P0031	上游氧传感器加热器1搭铁短路或线路断路
P0032	上游氧传感器加热器1对电源短路
P0036	下游氧传感器加热器1阻抗超过极限
P0037	下游氧传感器加热器1搭铁短路或线路断路
P0038	下游氧传感器加热器1对电源短路
P0106	进气总管空气压力传感器信号失真
P0107	进气总管空气压力传感器搭铁短路或线路断路
P0108	进气总管空气压力传感器对电源短路
P0111	进气温度传感器合理性故障
P0112	进气温度传感器搭铁短路
P0113	进气温度传感器对电源短路或线路断路
P0116	发动机冷却液温度传感器冷却液温度固定信号错误
P0117	发动机冷却液温度传感器搭铁短路
P0118	发动机冷却液温度传感器对电源短路或线路断路
P0119	发动机冷却液温度传感器信号梯度故障
P0125	发动机冷却液温度传感器闭环控制中冷却液温度过低
P0121	节气门位置传感器信号合理性检查
P0122	节气门位置传感器搭铁短路或线路断路
P0123	节气门位置传感器对电源短路
P0130	上游氧传感器1开环中线路断开或线路断路
P0131	上游氧传感器1搭铁短路或空气泄漏
P0132	上游氧传感器1对电源短路
P0134	上游氧传感器1减速断油时的信号失真
P0137	下游氧传感器1搭铁短路或空气泄漏或线路断路
P0138	下游氧传感器1对电源短路
P1171	Lambda控制器极限诊断大于最大极限
P1172	Lambda控制器极限诊断低于最小极限
P0661	进气道关闭控制器电气线路断路或搭铁短路
P0662	进气道关闭控制器电气对电源短路
P0628	油泵继电器线路断路或搭铁短路
P0629	油泵继电器对电源短路

续上表

故障码	内　　容
P0261	喷油器A线路断路或搭铁短路
P0262	喷油器A对电源短路
P0267	喷油器B线路断路或搭铁短路
P0268	喷油器B对电源短路
P0270	喷油器C线路断路或搭铁短路
P0271	喷油器C对电源短路
P0264	喷油器D线路断路或搭铁短路
P0265	喷油器D对电源短路
P1258	发动机温度过热无效信号
P0327	爆震传感器1噪声水平过低
P0335	曲轴传感器(电磁式传感器)故障
P0336	曲轴传感器不合理信号
P0337	曲轴传感器无信号
P0341	凸轮轴位置传感器不合理信号
P0342	凸轮轴位置传感器无信号
P0351	点火控制信号线圈A电路故障
P0352	点火控制信号线圈B电路故障
P0403	EGR电气故障
P0404	EGR阀故障
P0405	EGR阀对地短路
P0406	EGR阀对电源短路或线路断路
P0444	炭罐净化电磁阀线路断路
P0445	炭罐净化电磁阀对电源短路或对搭铁短路
P0480	发动机冷却风扇继电器低速电路故障
P0481	发动机冷却风扇继电器高速电路故障
P0501	车速不合理信号
P1504	CAN来的车速信号故障
P0505	怠速控制阀诊断(步进电动机)电路故障
P0506	怠速控制阀合理性诊断(步进电动机)发动机转速低于预期
P0507	怠速控制阀合理性诊断(步进电动机)发动机转速超出预期
P0532	空调压力传感器搭铁短路或线路断路
P0533	空调压力传感器对电源短路

续上表

故障码	内容
P0537	空调蒸发温度搭铁短路
P0538	空调蒸发温度对电源短路或线路断路
P0646	空调压缩机继电器搭铁短路或线路断路
P0647	空调压缩机继电器对电源短路
P0562	系统继电器后电压线路断路（电压太低）
P0563	系统继电器后电压对电源短路（电压太高）
P0601	ECU校验数故障
P0604	ECU内部RAM故障
P0605	ECUNVMY写故障
P1610	主继电器对电源短路
P1611	主继电器搭铁短路或线路断路
P1615	丢失变量编码
P0654	车速信号输出故障
P1650	故障指示灯对电源短路
P0650	故障指示灯搭铁短路或线路断路

四 清除故障码

（1）在诊断功能菜单中，点击[清除故障码]选项（图8-28）。

（2）清除掉被设定的故障码后，屏幕显示图8-29所示的信息，然后点击[确定]选项。

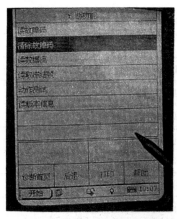

图8-28 清除故障码（1）

图8-29 清除故障码（2）

（3）根据诊断仪提示，退出诊断程序。

（4）断开诊断仪与诊断插座的连接。

任务三　常用传感器和执行器的更换

一、实训准备

1. 实训器材

五菱荣光汽车（见图2-28）、举升机（见图2-29）、组合工具（见图2-39）、扭力扳手（见图2-76）、GY-340厌氧胶、转向盘护套、变速杆手柄套、座位套、脚垫、翼子板和前格栅磁力护裙等。

2. 准备工作

（1）汽车进入工位前，将工位清理干净，准备好相关的器材。
（2）将汽车停驻在举升机中央位置（见图2-30）。
（3）拉紧驻车制动器操纵杆（见图2-31），并将变速杆置于空挡位置。
（4）套上转向盘护套、变速杆手柄套和座位套，铺设脚垫（见图2-32）。
（5）在车内拉动发动机舱盖手柄（见图2-33）。
（6）在车外打开并支撑发动机舱盖（见图2-34）。
（7）粘贴翼子板和前格栅磁力护裙（见图2-35）。

二、常用传感器和执行器的更换

1. 进气压力传感器的更换

1）进气压力传感器的拆卸
（1）断开进气压力传感器接插头（图8-30）。
（2）从进气歧管上松开进气压力传感器紧固螺栓。
（3）从进气歧管上拆下进气压力传感器。

2）进气压力传感器的安装
（1）将进气压力传感器安装到进气歧管上。
（2）装上进气压力传感器紧固螺栓，紧固进气压力传感器的紧固螺栓至5~7N·m。
（3）接上进气压力传感器接插头（见图8-30）。

2. 进气温度传感器的更换

1）进气温度传感器的拆卸
（1）断开进气温度传感器接插头（图8-31）。
（2）从进气波纹胶管上拔下进气温度传感器。

2)进气温度传感器的安装
(1)将进气温度传感器安装到进气波纹胶管上。
(2)接上进气温度传感器接插头(见图8-31)。

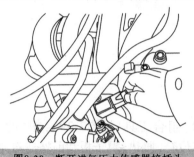

图8-30 断开进气压力传感器接插头

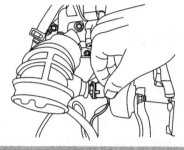

图8-31 断开进气温度传感器接插头

3 节气门位置传感器的更换

1)节气门位置传感器的拆卸
(1)将线束从节气门位置传感器的接插头上断开(图8-32)。
(2)拧开节气门位置传感器的紧固螺栓。
(3)小心取下节气门位置传感器。

2)节气门位置传感器的安装
(1)将节气门位置传感器安装到节气门体总成上。注意:检查阀门闩钩是否牢固固定在传感器上。
(2)装上节气门位置传感器紧固螺栓,紧固节气门位置传感器紧固螺栓至2~3N·m。
(3)将线束接头插到节气门位置传感器接插头上(见图8-32)。

4 氧传感器的更换

1)氧传感器的拆卸
(1)将线束同氧传感器接插头断开(图8-33)。
(2)将氧传感器从排气歧管上拧下来。

2)氧传感器的安装
(1)将氧传感器安装到排气歧管上,紧固氧传感器至(42±5)N·m。
(2)将线束与氧传感器接插头连接起来(见图8-33)。

5 凸轮轴位置传感器的更换

1)凸轮轴位置传感器的拆卸
(1)断开线束与凸轮轴位置传感器接插头的连接(图8-34)。
(2)拧开凸轮轴位置传感器紧固螺栓。
(3)取下凸轮轴位置传感器。

2)凸轮轴位置传感器的安装
(1)将凸轮轴位置传感器安装到凸轮轴位置传感器座上。

(2)装上凸轮轴位置传感器紧固螺栓,紧固凸轮轴位置传感器的紧固螺栓至(10±2) N·m。

(3)将线束连接到凸轮轴位置传感器接插头上(见图8-34)。

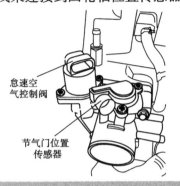

图8-32 将线束从节气门位置传感器的接插头上断开与连接

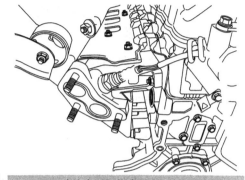

图8-33 将线束同氧传感器接插头断开与连接

6 曲轴位置传感器的更换

1)曲轴位置传感器的拆卸

(1)断开线束与曲轴位置传感器接插头的连接(图8-35)。

(2)松开曲轴位置传感器与变速器的连接螺栓。

(3)取下曲轴位置传感器。

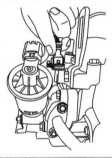

图8-34 断开与连接线束与凸轮轴位置传感器接插头

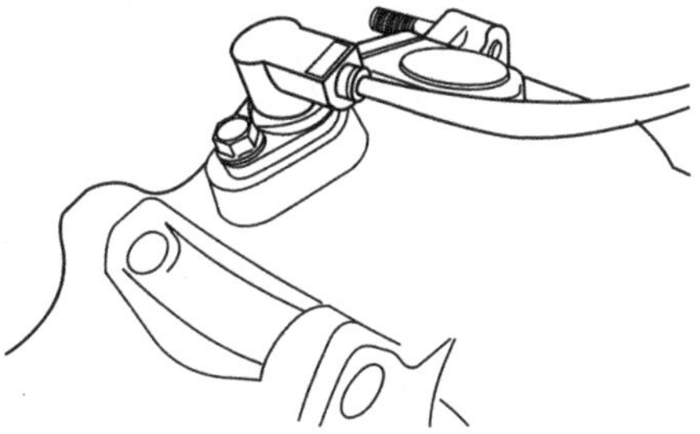

图8-35 断开与连接线束与曲轴位置传感器接插头

2)曲轴位置传感器的安装

(1)将曲轴位置传感器安装到变速器上。

(2)装上曲轴位置传感器紧固螺栓,紧固曲轴位置传感器紧固螺栓至(10±2)N·m。

(3)将线束接到曲轴位置传感器接插头上(见图8-35)。

7 冷却液温度传感器的更换

1)冷却液温度传感器的拆卸

(1)打开冷却液储液罐的密封盖,使冷却系统减压。

(2)将线束接插头从冷却液温度传感器上断开(图8-36)。

(3)将冷却液温度传感器从进气歧管上拧下。

(4)收集溢出的冷却液。

2)冷却液温度传感器的安装

(1)在冷却液温度传感器的螺纹部位涂上GY-340厌氧胶。

(2)将冷却液温度传感器安装到进气歧管上,紧固冷却液温度传感器至15~20N·m。

(3)将线束连接到冷却液温度传感器的接插头上(见图8-36)。

(4)补充冷却液至规定量,并排出冷却系统中的空气。

8 爆震传感器的更换

1)爆震传感器的拆卸

(1)断开线束与爆震传感器接插头的连接(图8-37)。

(2)松开爆震传感器与曲轴箱的连接螺栓。

(3)取下爆震传感器。

2)爆震传感器的安装

(1)将爆震传感器安装到曲轴相对应的位置。

(2)装上爆震传感器紧固螺栓,紧固爆震传感器紧固螺栓至(22±2)N·m。

(3)将线束连接到爆震传感器的接插头上(见图8-37)。

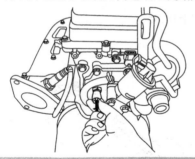

图8-36 将线束接插头从冷却液温度传感器上断开与连接

图8-37 断开与连接线束与爆震传感器接插头

9 炭罐电磁阀的更换

1)炭罐电磁阀的拆卸

(1)从炭罐电磁阀上拆下与进气歧管连接的真空软管(图8-38)。

(2)松开炭罐电磁阀与炭罐连接的胶管夹箍,拆下胶管和夹箍。

(3)松开炭罐电磁阀支架紧固螺栓。

(4)拆下炭罐电磁阀及支架。

(5)从炭罐电磁阀支架上拆下炭罐电磁阀。

2)炭罐电磁阀的安装

(1)将炭罐电磁阀安装到炭罐电磁阀支架上(见图8-38)。

(2)将炭罐电磁阀和支架一起安装到进气歧管上。

(3)装上炭罐电磁阀支架紧固螺栓,紧固炭

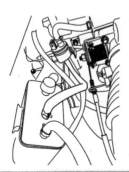

图8-38 拆下和连接与进气歧管连接的真空软管

罐电磁阀支架紧固螺栓至8～12N·m。

(4)将与炭罐连接的胶管安装到炭罐电磁阀上，并套好夹箍。

(5)将与进气歧管连接的真空软管安装到炭罐电磁阀上。

第一部分　理　论　知　识

1.电子控制系统由_____、_____和_____三部分组成，将图中桑塔纳2000GSi型轿车AJR发动机电控燃油喷射系统各部件名称填入表格中。

1-_____；2-_____；3-_____；4-_____；
5-_____；6-_____；7-_____；8-_____；
9-_____；10-_____；11-_____；12-_____。

2.空气流量计作用_____。

目前，常用的是热线式空气流量计和热膜式空气流量计。将图中热膜式空气流量计部件名称填入表格中。

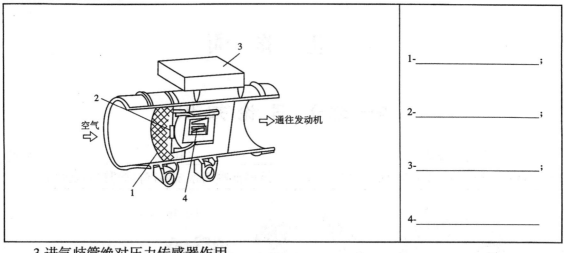

1-_____;

2-_____;

3-_____;

4-_____

3.进气歧管绝对压力传感器作用_____。

4.磁电式曲轴转速传感器作用_____。

将图中磁电式曲轴转速传感器部件名称填入表格中。

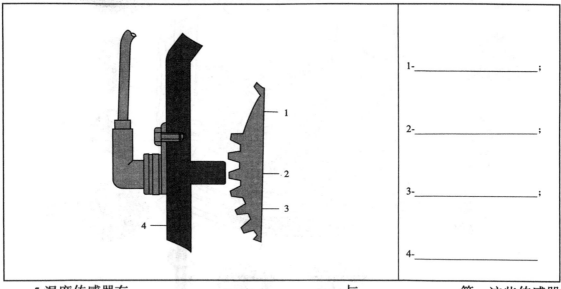

1-_____;

2-_____;

3-_____;

4-_____

5.温度传感器有_____、_____与_____等，这些传感器多采用的是负温度系数的热敏电阻式温度传感器，即_____。

6.节气门位置传感器作用_____。

7.氧传感器作用_____。

8.爆震传感器作用_____。

9.电子控制单元（ECU）的主要功能是_____。

ECU主要由_____、_____、_____和_____组成。

第二部分　实　践　操　作

1.简述电子控制系统读取故障码的方法。

2.简述电子控制系统清除故障码的方法。

第三部分　评价与反馈

考核项目	评分标准	分　数	学生自评	小组互评	教师评价	小　计
团队合作	是否和谐	5				
活动参与	是否积极主动	5				
安全生产	有无安全隐患	10				
现场5S	是否做到	10				
任务方案	是否合理	15				
操作过程	电控系统故障码的读取与清除；常用传感器和执行器的更换	30				
任务完成情况	是否圆满完成	5				
工具和设备使用	是否规范、标准	10				
劳动纪律	是否能严格遵守	5				
工单填写	是否完整、规范	5				
总　分		100				
教师签名：				年　月　日	得　分	

项目九 点火系统的构造与维修

项目九 点火系统的构造与维修

任务一 点火系统的认知

一、点火系统的功用和组成

点火系统的作用是将汽车电源供给的低压电(12V)转变为高压电(10kV或更高),并按照发动机的作功顺序与点火时刻的要求,适时准确地将高压电送至各缸的火花塞,使火花塞跳火,点燃汽缸内的混合气。

现代汽车电控燃油喷射式发动机均已采用微型计算机控制点火系统(ESA)。计算机控制点火系统又称为电控点火系统,采用计算机控制点火系统可以满足现代高速发动机对点火系统较高的点火能量和较高的击穿电压的要求,可以实现点火时刻与发动机运行工况更好的匹配,能够实现对点火系统更加优化的集中控制功能,更好地满足对发动机动力性和经济性的要求。

计算机控制点火系统按照是否安装分电器可分为,有分电器式电控点火系统和无分电器式电控点火系统。

1 有分电式电控点火系统的组成

有分电器式微机控制点火系统的组成如图9-1所示,主要由输入信号(各种传感器和开关)、电子控制单元(ECU)、分电器(内装点火控制器)、点火高压线和火花塞等组成。

2 无分电器式电控点火系统的组成

无分电器式电控点火系统中取消了分电器、分火头、中央点火高压线等装置,具有出现故障的概率低、检修方便、所需的保养更少、高压电传送的耗损小、不需做点火正时调整、电波干扰更少，点火时间的控制更加精确等优点，因此被现代汽车广泛应用。

无分电器的电子点火控制系统按配电方式的不同可分为双缸同时点火的配电方式、二极管配电点火方式和单独点火的配电方式三种类型。

无分电器式电控点火系统的组成如图9-2所示，主要由传感器、电控单元（ECU）及执行器组成。传感器用来检测发动机工作状态，并将信号传给ECU；ECU负责对传感器传送的信号进行分析、比较、处理，向执行器发出控制命令；执行器（点火控制器）接收ECU发出的控制指令，并按指令对点火线圈初级绕组电流进行控制，以使其产生足够的点火高压电。无分电器式电控点火系统各组成部件的功用，见表9-1。

无分电器式电控点火系统各组成部件的功用　　　　　　　　　　表9-1

组成		功用
输入信号	空气流量计（L型）	检测进气量信号输入ECU，点火系统的主控信号
	进气歧管绝对压力传感器	
	曲轴位置传感器（Ne）	检测曲轴转速（转角）信号输入ECU，点火系统的主控信号
	凸轮轴位置传感器（G1、G2）	检测凸轮轴转角信号输入ECU，点火系统的主控信号
	节气门位置传感器	检测节气门开度信号输入ECU，点火系统的修正信号
	进气温度传感器	检测进气温度信号输入ECU，点火系统的修正信号
	冷却液温度传感器	检测发动机冷却液信号输入ECU，点火系统的修正信号
	爆震传感器	检测发动机爆震信号输入ECU，点火系统的修正信号
	启动开关	向ECU输入启动信号，点火系统的修正信号
	空调（A/C）开关	向ECU输入空调工作信号，点火系统的修正信号
	空挡位置开关	向ECU输入P挡和N挡信号，点火系统的修正信号
执行器	点火控制器	根据ECU输出的控制指令，控制点火线圈初级电路的通断，以产生次级高压，并向ECU反馈点火确认信号
控制单元（ECU）		根据各输入信号输入的信息，计算出最佳的控制参数，并向执行器发出控制指令
点火线圈		点火线圈利用变压器的原理可将汽车电源提供的12V低压电转变成能击穿火花塞电极间隙的15～20kV的高压直流电
分电器		按照发动机的工作顺序将产生的高压电送至各缸火花塞
火花塞		火花塞的作用是将高压电引入汽缸燃烧室，产生电火花点燃可燃混合气
点火高压线		点火高压线用以连接点火线圈与分电器中心插孔以及分电器旁电极和各缸火花塞

项目九　点火系统的构造与维修

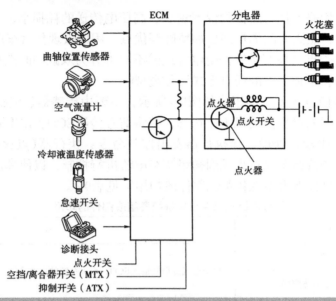

图9-1　有分电器式微机控制点火系统的组成

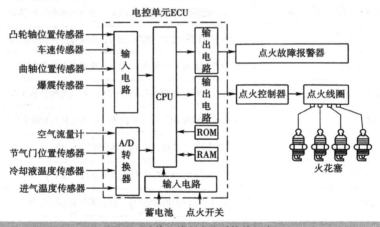

图9-2　计算机控制点火系统的组成

点火系统的工作原理

1 有分电器点火系统工作原理

发动机工作时，ECU根据接收到的各传感器信号，按存储器中存储的有关程序和相关数据确定出该工况下最佳点火提前控制参数（点火时间和通电时间），并向点火器发出指令。点火器则根据ECU的指令，控制点火线圈初级电路的导通和截止。当电路导通时，有电流从点火线圈中的初级电路通过，点火线圈将点火能量以磁场的形式储存起来。当初级电路中的电流被切断时，在次级线圈中将产生很高的感应电动势（15～20kV）。而此时，随分电器轴一同旋转的分火头正好对准分电器盖上某缸的旁电极，高压电由分缸点火高压线送给火花塞，点火能量经火花塞瞬间释放，使火花塞跳火，产生的电火花点燃汽缸内的混合气，使发动机完成作功过程。

根据以上分析，点火系统的工作过程可分成三个阶段：即初级电路导通，点火能量储存；初级电路截止，次级电路产生高压电；火花塞电极产生电火花，点燃混合气。

2 双缸同时点火式点火系统的工作原理

双缸同时点火式点火系统是两个火花塞共用一个点火线圈且同时点火的无分电器式点火系统，这种方式只能用在缸数为双数的发动机上，其控制原理如图9-3所示。发动机ECU交替控制点火线圈内的两个功率三极管的通断，使点火线圈的初级电流根据点火顺序（1-3-4-2）中断并产生高压电。点火线圈A和B，分别提供高压电给1、4缸及2、3缸。此种形式点火系统取消了分电器、分火头和中央点火高压线，但仍保留了点火线圈与火花塞之间的点火高压线。

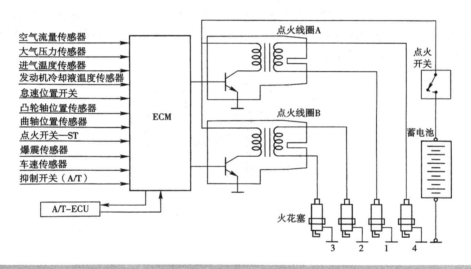

图9-3 双缸同时点火系统的工作原理图

双缸同时点火要求，共用一个点火线圈的两个汽缸工作相位差360°曲轴转角，这样可保证大部分点火高压和点火能量被加在压缩行程的火花塞上，如图9-4所示。

3 二极管配电式点火系统工作原理

二极管配电式点火系统的特点是：4个汽缸共用一个点火线圈，该点火线圈为内装双初级绕组和双输出次级绕组的特制点火线圈，且利用4个二极管的单向导电性交替完成对1、4缸和2、3缸配电过程，如图9-5所示。这种点火配电方式与双缸同时点火配

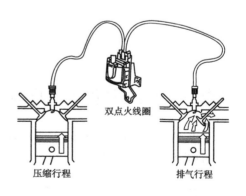

图9-4 两汽缸同时点火系统原理图

电方式相比有相同的特性,但对点火线圈要求较高。

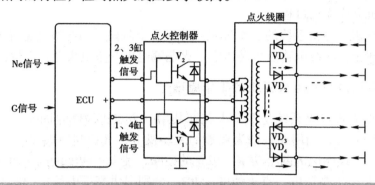

图9-5　二极管配电式点火系统工作原理图

4　独立点火式点火系统工作原理

独立点火式点火系统可将点火线圈直接安装在火花塞的顶上,这样不仅取消了分电器,也同时取消了点火高压线,故分火性能更好。相比而言,其结构与点火控制电路最为复杂,其工作原理如图9-6所示。

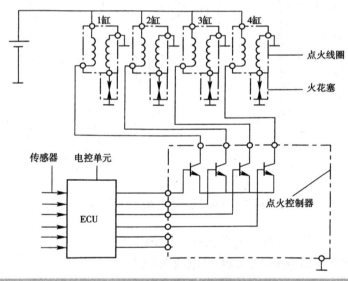

图9-6　独立点火配电方式点火系统原理图

三　点火系统主要部件的构造

点火系统的输入信号(主要包括各种传感器和开关)和控制单元(ECU)与电子控制系统的相同,不再赘述。

1　点火线圈

点火线圈利用变压器的原理可将汽车电源提供的12V低压电转变成能击穿火花塞电极

间隙的15～20kV的高压直流电。

（1）闭磁路点火线圈。闭磁路点火线圈也称为高能点火线圈，其结构如图9-7所示。在口字形或日字形铁芯内绕有次级绕组，在次级绕组外面绕有初级绕组，初级绕组产生的磁通量通过铁芯构成闭合磁路，其磁路如图9-8所示。

（2）双缸配电式的点火线圈。双缸配电式点火线圈采用的也是闭磁路点火线圈，每个点火线圈上都有两个高压输出端，其外形结构如图9-9所示。

（3）独立点火系统的点火线圈。在独立点火系统中，每个汽缸安装一个点火线圈，通常将点火控制器与点火线圈制成一体，其外形结构如图9-10所示。

2 分电器

分电器的结构如图9-11所示，主要由配电器和信号发生器组成。配电器（分火关、分电器盖等）的作用是将点火线圈产生的高压电，按照发动机的工作顺序送至各缸火花塞。信号发生器的作用是产生脉冲信号，并送给点火控制器，由点火控制器控制初级电路的通断。

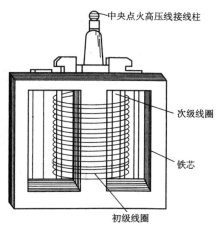

图9-7 闭磁路点火线圈

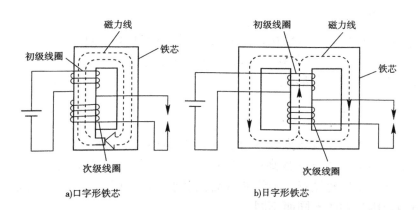

图9-8 闭磁路点火线圈的磁路

图9-9 双缸配电式点火线圈

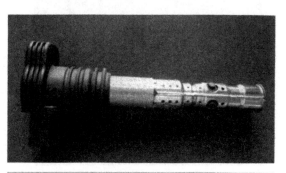

图9-10 独立点火的点火线圈

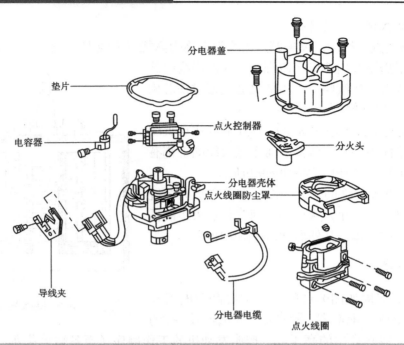

图9-11 分电器的结构

3 点火控制器

点火控制器也称为点火模块,是电控点火系统的执行元件,其主要功用是根据控制单元(ECU)的指令来控制点火线圈初级电路的导通与截止,其内部为集成电路,全密封结构,其外形结构如图9-12所示。

4 点火高压线

点火高压线用以连接点火线圈与分电器中心插孔以及分电器旁电极和各缸火花塞,如图9-13所示。由于工作电压很高(一般在15kV以上),电流强度较小,因此点火高压线的绝缘包层很厚,耐压性能好,但线芯截面积很小。汽车用点火高压线有铜芯线和阻尼线两种,其电阻值因车型的不同而不同。

图9-12 点火控制器

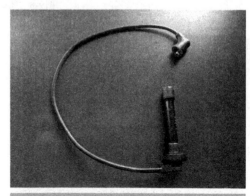

图9-13 点火高压线

5 火花塞

火花塞的作用是将高压电引入汽缸燃烧室，产生电火花点燃可燃混合气。由于火花塞的工作条件十分恶劣，它要承受高压、高温及燃烧产物的强烈腐蚀，因此，火花塞必须具有足够的强度，能承受温度的强烈变化，应有良好的热特性，火花塞的电极一般采用耐高温、耐腐蚀的镍锰合金钢或铬锰氮、钨、镍锰硅等合金制成，也有采用镍包铜材料制成，以提高散热性能。火花塞的结构如图9-14所示，主要由接线帽、瓷绝缘体、中心电极、侧电极和壳体等组成。中心电极用镍铬合金制成，具有良好的耐高温、耐腐蚀性能，中心电极做成两段，中间加有导电玻璃，由于导电玻璃和瓷绝缘体的膨胀系数相近，因此，导电玻璃主要是起密封作用。火花塞的间隙一般为1.0～1.2mm。

火花塞根据其热特性（用热值表示，数字越大，热值越小）的不同，可分为冷型火花塞、中型火花塞和热型火花塞。绝缘体裙部长的火花塞，其受热面积大，传热距离长，散热困难，裙部温度高，称为热型火花塞；反之，裙部短的火花塞，吸热面积小，传热距离短，散热容易，裙部温度低，称为冷型火花塞。热型火花塞用于低压缩比、低转速、小功率的发动机；冷型火花塞用于高压缩比、高转速、大功率的发动机。

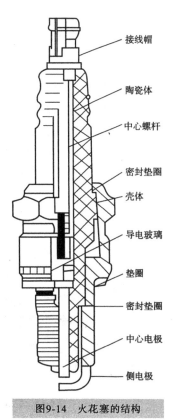

图9-14 火花塞的结构

任务二 点火高压线和火花塞的检查与更换

一、实训准备

1 实训器材

（1）万用表（图9-15）。
（2）缸线钳（图9-16）。
（3）火花塞扳手（图9-17）。
（4）其他工具及器材：桑塔纳2000GSi轿车（见图3-38）、举升机（见图2-29）、组合工具（见图2-39）、扭力扳手（见图2-76）、厚薄规（见图3-91）、吹气枪（见图7-14）、棉纱、

图9-15 万用表

尖嘴钳、鲤鱼钳、软管、转向盘护套、变速杆手柄套、座位套、脚垫、翼子板和前格栅磁力护裙等。

2 准备工作

（1）汽车进入工位前，将工位清理干净，准备好相关的器材。
（2）将汽车停驻在举升机中央位置（见图3-39）。
（3）拉紧驻车制动器操纵杆（见图3-40），并将变速杆置于空挡位置。
（4）套上转向盘护套（见图3-41）、变速杆手柄套和座位套，铺设脚垫。
（5）在车内拉动发动机舱盖手柄。在车外打开并支撑发动机舱盖（见图3-42）。
（6）粘贴翼子板和前格栅磁力护裙（见图3-43）。

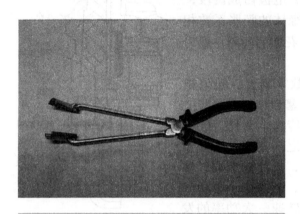

图9-16 缸线钳

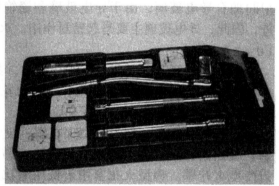

图9-17 火花塞扳手

二、点火高压线和火花塞的检查与更换

1 点火高压线和火花塞的拆卸

（1）使用10号套筒拆下蓄电池负极导线（图9-18），在放置该导线时要注意不要搭铁。
（2）将发动机装饰罩的4个固定螺栓拧松（图9-19），用手取下固定螺栓，最后取下发动机装饰罩。
（3）用吹气枪将发动机上部的尘埃等杂物清理干净（图9-20）。
（4）在拆下分缸点火高压线时，应做好各缸点火高压线的记号（图9-21），以免混乱、装错。
（5）使用缸线钳拆卸各个汽缸的分缸点火高压线与火花塞连接端（图9-22）。
（6）用手拔下位于进气歧管下方与点火控制模块连接的分缸点火高压线的另一端（图9-23）。
（7）分缸点火高压线全部取下后，用吹气枪清洁火花塞孔周围（图9-24），如果灰尘不易吹掉，可用抹布和螺丝刀进行清除。用布块堵住火花塞孔，防止垫圈、钉屑等杂物从火花塞孔中落入汽缸。

图9-18　拆下蓄电池负极

图9-19　拆卸发动机装饰罩

图9-20　用吹气枪将发动机上部的尘埃等杂物清理干净

图9-21　使用记号笔对各分缸点火高压线做标记

图9-22　拆卸与安装各个汽缸的分缸点火高压线与火花塞连接端

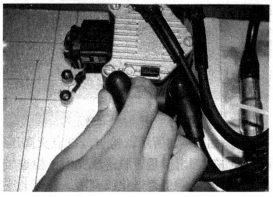

图9-23　拔下和安装与点火控制模块连接的分缸点火高压线的另一端

(8)使用专用的火花塞套筒(16mm)、长接杆和棘轮扳手(图9-25),分别拆下各缸火花塞。

图9-24　清洁火花塞孔周围　　　　　　　图9-25　拆下各缸火花塞

(9)拆卸时,火花塞套筒要确实套牢火花塞,否则,会损坏火花塞的绝缘磁体,引起漏电。为了稳妥,可用一只手扶住火花塞套筒并轻压套筒,另一只手转动套筒卸下火花塞,卸下的火花塞(图9-26)应按顺序排好。

2　点火高压线和火花塞的检查

1)点火高压线的检测

(1)如图9-27所示,稍稍弯曲分缸点火高压线,目视检查橡胶绝缘层是否有老化、龟裂、线芯折断现象,如有,必须更换新的点火高压线。

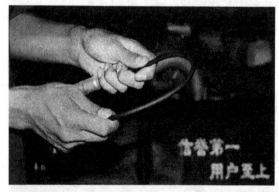

图9-26　卸下的火花塞　　　　　　　图9-27　弯曲检查分缸点火高压线

(2)如图9-28所示,检查分缸点火高压线与点火控制器连接端的金属触点是否有烧蚀或腐蚀物、固定卡是否脱落或变松;检查与火花塞连接端的金属是否有烧蚀或腐蚀物、火花塞固定橡胶套是否老化或剥落。若有上述现象时,对于金属触点,则砂磨清理干净;对于固定卡脱落、火花塞固定橡胶套剥落的,应更换新的点火高压线。

(3)用万用表测量分缸点火高压线的电阻值(图9-29)。打开万用表电源开关,将选择开关调到200Ω挡位,然后将正、负表笔分别与分缸点火高压线的两端插孔可靠接触,从万用表显示屏上读取分缸点火高压线的电阻值，AJR型发动机配套使用的点火高压线电阻值为5.8~6.2Ω。如果电阻值不符合要求，更换分缸点火高压线。

图9-28　检查分缸点火高压线连接端

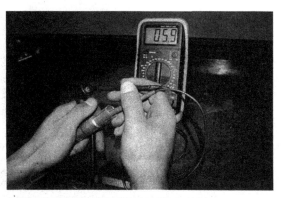

图9-29　测量分缸点火高压线的电阻值

2）火花塞的检查

（1）检查火花塞电极颜色（图9-30）。火花塞的正常状态是绝缘体端部颜色从灰白到淡黄色，在绝缘体端部及电极上有少量易刮去或刷去的粉状堆积，壳体内呈淡灰色或由黄色到棕黑色的堆积物。上述现象表明选用的火花塞正确，发动机燃烧正常。

若发现火花塞绝缘体顶端起疤、破裂或电极熔化、烧蚀等，都表明火花塞已烧坏，应进行更换。

对燃烧状态不好的火花塞，应先进行清洁，去除火花塞磁体上的积炭和污迹，然后检验其性能。

（2）清洁火花塞。清理火花塞电极上污物常用方法有两种：一种是用铜丝刷（图9-31）或细砂布（图9-32），另一种是用专用火花积炭清洗仪。

（3）检查火花塞电极间隙。使用厚薄规测量中央电极和侧电极之的间隙（图9-33）。AJR型发动机用火花塞的电极间的间隙值为：0.9~1.1mm。若间隙不符合要求，应更换火花塞。

图9-30　检查火花塞电极颜色

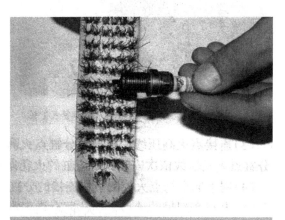

图9-31　用铜丝刷清洁火花塞

项目九　点火系统的构造与维修

图9-32　用铂金砂条清洁火花塞

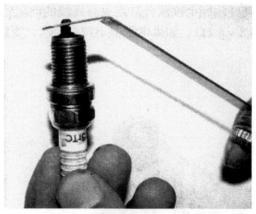

图9-33　检查火花塞电极间隙

3　点火高压线和火花塞的安装

点火高压线和火花塞的安装应按与拆卸相反的顺序进行，并注意以下事项：

（1）安装火花塞时，先用手抓住火花塞的尾部，对准火花塞孔，用手拧上几圈，然后再用火花塞套筒拧紧（图9-34）。如果用手拧入感觉有困难或费力，应把火花塞取下来，再试一次，千万不要勉强拧入，以免损坏螺纹孔。为使火花塞安装顺利，可以在火花塞螺纹上涂抹一点机油。

（2）在安装火花塞时，为保证密封性，火花塞槽内不能有异物。火花塞不能拧得太紧，其拧紧力矩为30N·m（图9-35），以免损坏密封垫片而影响导热性能。

图9-34　用手转动火花塞并用套筒和长接杆预紧火花塞

图9-35　使用预置式扭力扳手紧固火花塞

（3）连接点火高压线。根据各分缸点火高压线上的区分标签或缸序编号，使用缸线钳将分缸点火高压线依次安插到对应缸的火花塞上（见图9-22）。

（4）用手插上与点火控制模块连接的分缸点火高压线的另一端（见图9-23）。

（5）火花塞型号的选择。火花塞有许多类型，不同的汽车发动机使用的火花塞型号不尽相同。在更换前，应了解所使用汽车的发动机的火花塞类型（查阅维修手册即可）。

（6）火花塞的更换条件。火花塞属易消耗件，一般行驶2万～3万km即应更换。火花塞更换的标志是不跳火，或电极放电部分因烧蚀而成圆形。另外，如在使用中发现火花塞经常积炭、断火，一般是因为火花塞太冷，需换用热型火花塞；若有炽热点火现象或汽缸中发出冲击声，则需选用冷型火花塞。AJR型发动机配套使用的火花塞，汽车每行驶1万km或半年检查一次；4万km或2年更换一次。

工 作 页

第一部分 理论知识

1. 点火系统的作用是_____
_____。

2. 有分电器式微机控制点火系统的组成主要由_____、_____、_____、_____和_____等组成，将图中部件名称填入表格中。

1-_____；
2-_____；
3-_____；
4-_____；
5-_____；
6-_____；
7-_____；
8-_____。

3. 无分电器的电子点火控制系统，按配电方式的不同可分为_____、_____和_____三种类型。

4. 点火线圈利用变压器的原理可将汽车电源提供的_____V低压电转变成能击穿火花塞电极间隙的_____kV的高压直流电。

5. 分电器主要由配电器和信号发生器组成。配电器(分火关、分电器盖等)的作用是_____;
信号发生器的作用_____。
将图中部件名称填入表格中。

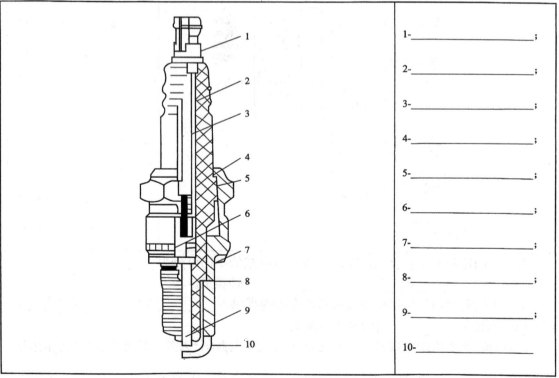

1-	;
2-	;
3-	;
4-	;
5-	;
6-	;
7-	;
8-	;
9-	;
10-	;

6.将图中火花塞的部件名称填入表格中。

1-	;
2-	;
3-	;
4-	;
5-	;
6-	;
7-	;
8-	;
9-	;
10-	;

7.火花塞根据其热特性（用热值表示，数字越大，热值越小）的不同，可分为_____火花塞、_____火花塞和_____火花塞。

第二部分 实 践 操 作

1.点火高压线的检测。稍稍弯曲分缸点火高压线，目视检查橡胶绝缘层是否有老化、龟裂、线芯折断现象，如有，必须更换新的点火高压线。

	检查记录：

2.检查分缸点火高压线与点火控制器连接端的金属触点是否有烧蚀或腐蚀物、固定卡是否脱落或变松；检查与火花塞连接端的金属是否有烧蚀或腐蚀物、火花塞固定橡胶套是否老化或剥落。有上述现象，对于金属触点则砂磨清理干净；对于固定卡脱落、火花塞固定橡胶套剥落的，应更换新的点火高压线。

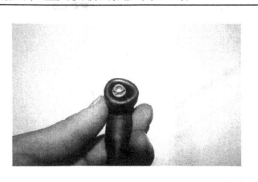	检查记录：

3.用万用表测量分缸点火高压线的电阻值。打开万用表电源开关，将选择开关调到200Ω挡位，然后将正、负表笔分别与分缸点火高压线的两端插孔可靠接触，从万用表显示屏上读取分缸点火高压线的电阻值。如果电阻值不符合要求，更换分缸点火高压线。

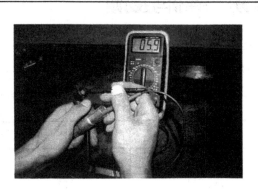	检查记录：

4.检查火花塞电极颜色。火花塞的正常状态是绝缘体端部颜色从灰白到淡黄色；在绝缘体端部及电极上有少量易刮去或刷去的粉状堆积；壳体内呈淡灰色或由黄色到棕黑色的堆积物。上述现象表明选用的火花塞正确，发动机燃烧正常。

检查记录：

5.检查火花塞电极间隙。使用厚薄规测量中央电极和侧电极之的间隙。AJR型发动机用火花塞的电极间的间隙值为：0.9~1.1mm。若间隙不符合要求，应更换火花塞。

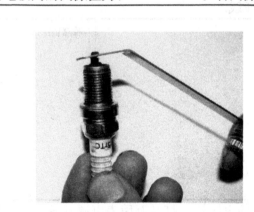

检查记录：

第三部分　评价与反馈

考核项目	评分标准	分数	学生自评	小组互评	教师评价	小计
团队合作	是否和谐	5				
活动参与	是否积极主动	5				
安全生产	有无安全隐患	10				
现场5S	是否做到	10				
任务方案	是否合理	15				

续上表

考核项目	评分标准	分　数	学生自评	小组互评	教师评价	小　计
操作过程	点火高压线和火花塞的拆卸； 点火高压线和火花塞的检查； 点火高压线和火花塞的安装	30				
任务完成情况	是否圆满完成	5				
工具和设备使用	是否规范、标准	10				
劳动纪律	是否能严格遵守	5				
工单填写	是否完整、规范	5				
总　分		100				
教师签名：				年　月　日	得　分	

参 考 文 献

[1] 陈家瑞.汽车构造(上册)[M].北京:机械工业出版社,2009.
[2] 马伟森.汽车维护[M].北京:人民交通出版社,2011.
[3] 赵奇,羌春晓.汽车发动机理实一体化教材[M].北京:人民交通出版社,2011.
[4] 朱军.汽车发动机常见维修项目实训教材[M].北京:人民交通出版社,2009.
[5] 赵俊山,孙永江.汽车构造[M].北京:人民交通出版社,2011.
[6] 张嫣,苏畅.汽车发动机构造与维修[M].北京:人民交通出版社,2011.